子どもの学びが充実する読書活動 15の指導法

稲井達也 著

Ｇ学事出版

はじめに
―じっくりとものを考えられる人を育てる―

　元号が平成から令和へとかわり、私たちは時代の転換点に立っています。私たちは平成の約30年間にも、昭和の時代とは異なる生き方で、ひたすら急ぎ、効率を求め、頑張り過ぎてきたのではないでしょうか。

　私たちの身のまわりでは、知識基盤社会、AI社会、Society5.0など、次々にさまざまな言葉が立ち現れています。そして、メディアによって煽られ、ある種のブームのようにひとびとの関心が高まります。

　しかし、冷静に考えてみれば、教育が未来への投資とはいえ、子どもの目の前の現実とはあまりにも程遠いそれらの言葉に対しては、少し距離をおいて考える必要があります。

　私たちの社会は、新型コロナウイルスの感染拡大前には、もう戻れないといわれています。私たちには、もう少しゆっくりと、少し遅すぎるくらいの速さでものを考えることが必要です。時代の転換点では、そういうことを意識的に取り入れていくことが大切ではないでしょうか。

　例えば、テレワークは、自宅でも成果を挙げられるようになりますので、ただなんとなく会社に行くという人は淘汰され、一層の成果主義が加速されていく社会になっていくことが考えられます。そういう転換点には、周りの勢いに流されないためにも、じっくりとものを考える、熱を帯びていない、冷めた時間がどうしても必要になるのです。

　むしろ、これからの社会には、とても難しい課題ですが、多様性を認め合うという価値観を生活のさまざまな場面で根づかせていくことが必要だと考えます。言うのは簡単ですが、容易なことではありません。

　学校教育では、今後、ICTの導入が急速に進むと思われます。しかし、ICTはあくまでも環境整備や教育方法の問題です。大切なのはコンテンツ、つまり、ICTを活用して何を教えるか、その中身です。

　インターネットは、かつては熟議の場になると期待されました。しか

し、実態はどうでしょうか。インターネットは、人の生き方を急かし、ゆっくりものを考えることを私たちから奪っていきました。深く考えるより前に、多くの人は（私自身も含めて）個人の思いを発信するという心地よさに浸っています。しかし、刹那的な生き方は、時間だけを奪っていきます。

　インターネットというツールも、もう少し以前の方に、攻撃や同調圧力でもなく、フラットにものを考えられる立ち位置まで少しでも引き戻す必要があるように思います。しかし、インターネット自身にはそのような機能はありません。動かしているのは人間そのものだからです。

　インターネットには、本や新聞のような、時代遅れにも見えるかもしれない「スローなメディア」と共存できる道があるはずです。

　本書では、読書というスローな営みを、学校教育に取り入れるための手立てを考えました。ネット社会の中で、どのように読書と向き合うか、どのようにメディアと向き合うかについて考えました。

　世の中には楽しいことはたくさんありますし、本など読まなくても生きていけます。しかし、さまざまな本の読み方を学ぶことにより、他では得られないような豊かな時間を得る術を身につけられるのです。

　読書では、多様な生き方、多様なものの見方や感じ方・考え方に出会えます。自分には相容れないようなものにも出会えます。

　これからの社会を担う子どもたちに、読書という習慣を身につけ、じっくりと腰を据えて、じっくりとものを考えられる人になってほしいという思いから、この小著を書きました。つまり、熟考ということです。そして、これは遠い目標です。学校教育には、近い目標だけではなく、将来を見通した目標も必要です。

　この本を通して、読者のみなさんが、読書について改めて考える時間を過ごしていただくことを願います。

稲井達也

子どもの学びが充実する読書活動
15の指導法

第 **1** 章 | 読書活動で育む
資質・能力を意識する

この章のポイント

・デジタル・ネイティブの子どもたちはインターネットに依存しやす
　いため、複数の情報を比較して選択的に活用するバランスの取れた
　情報活用能力の育成が必要です。
・これからの読書活動では、育成する資質・能力を意識した取り組み
　が大切です。

1　ネット社会と子どもたち

　スマートフォンが普及したネット社会の中で、以前から子どもの活字
離れが指摘されています。しかし、単にネット社会の影響と言い切れな
い面も考えられます。SNSは攻撃の手段と化し、炎上は日常的な現象で
す。同調圧力も強く、インターネットに明るい未来は見出せません。む
しろ、考えない人を増やしています。

　スマートフォンやタブレットを学習に活用する学習環境は、学校や地
域によって格差はありますが、政府の方針もあり、今後は徐々に整って
いくでしょう。むしろ、インターネットを有効に活用していくことやイ
ンターネットに依存するのではなく、子どもたちにさまざまなメディア
とバランスよく関わる習慣を持つように指導することが大切です。

　これからは、あらゆるものがインターネットにつながった社会、超ス
マート社会、人工知能があらゆるものに浸透した社会が急速に進んでい

きます。高速通信である５Ｇ（第５世代移動通信システム）もその一つ といえるでしょう。国はこれをSociety5.0と呼んでいます。しかし、ここで描かれている社会は楽観的に過ぎます。私たちを幸福にするとは考えられません。

　その一方で、便利な消費社会を促す経済活動が経済的な格差を生み、併せて環境を破壊していることに対する解決が急務です。国連が提唱している「持続可能な開発目標」（SDGs: Sustainable Development Goals）がその代表的なものです。

　インターネットの便利さを享受しながらも、地球温暖化、格差と貧困、多様性ある社会など、社会のさまざまな側面や状況について想像力を働かせ、自ら行動できるような子どもの育成が求められているのです。

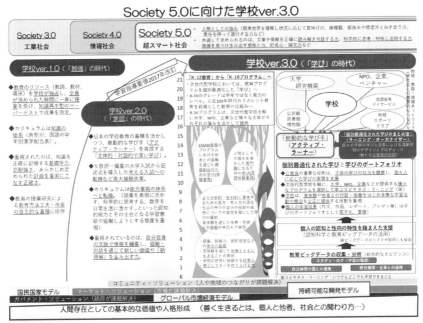

「Society5.0に向けた人材育成〜社会が変わる、学びが変わる〜」（Society5.0に向けた人材育成に係る大臣懇談会　新たな時代を豊かに生きる力の育成に関する省内タスクフォース、文部科学省、2018年）
https://www.mext.go.jp/component/a_menu/other/detail/__icsFiles/afieldfile/
2018/06/06/1405844_002.pdf〔最終検索日：2020年5月29日〕

SUSTAINABLE DEVELOPMENT GOALS

SDGsロゴ（国際連合広報センター）
https://www.unic.or.jp/files/sdg_poster_ja.pdf〔最終検索日：2020年5月29日〕

　インターネットは、検索すれば答えがすぐに得られます。しかし、フェイク・ニュースやネット犯罪をはじめ、さまざまな課題もはらんでいます。そのことをデジタル・ネイティブである子どもたちに自覚させることは、学校はもとより、保護者をはじめとした大人たちの責務でもあります。

　読書というスローな営みを豊かに経験させることは、スピーディーなネット社会でバランスをとって生きるための大切な営みでもあるのです。

2　学習指導要領の位置づけ

　2017（平成29）年改訂の学習指導要領総則編では、「読書活動」について、次のように示されています。

学校図書館，地域の公共施設の利活用（第1章　第3の1の(7)）

（7）学校図書館を計画的に利用しその機能の活用を図り，児童（生徒）の主体的・対話的で深い学びの実現に向けた授業改善に生かす

とともに，児童（生徒）の自主的，自発的な学習活動や読書活動を充実すること。また，地域の図書館や博物館，美術館，劇場，音楽堂等の施設の活用を積極的に図り，資料を活用した情報の収集や鑑賞等の学習活動を充実すること。

　ここには３つの特徴が見られます。

　１点目としては、「学校図書館の機能の活用」です。学校図書館の機能とは、読書センター、学習センター、情報センターの３つの機能を指しています。センターとは、教育活動の中心的な役割を担うという意味で捉えることができます。読書センターは、学校の読書活動の中心を担う場所ということです。

学校図書館は、読書好きを増やし、確かな学力等を育む施設です。

　学校図書館は、図書館資料を児童生徒や教員の利用に供すること等により、「学校の教育課程の展開に寄与するとともに、児童又は生徒の健全な教養を育成すること」を目的とするものであり、以下の３つの役割を担っています。

①　読書センター　読書活動の拠点となること。
②　学習センター　授業に役立つ資料を備え学習支援を行うこと。
③　情報センター　情報活用能力を育むこと。

学校図書館が充実し、その役割を果たすことで…

| 読書好きの子供を増やし、確かな学力、豊かな人間性を育む | 探究的な学習活動等を行い、子供の情報活用能力を育む |

| 授業で蔵書・新聞等を利活用し、思考力・判断力・表現力等を育む |

ことなどが期待されます。
※ 学力と読書の関係、学校司書と読書量の関係等は5ページを参照

「みんなで使おう！学校図書館」リーフレット（文部科学省）
https://www.mext.go.jp/component/a_menu/education/micro_detail/__icsFiles/afieldfile/2017/03/17/1360321_1.pdf〔最終検索日：2020年5月29日〕

２点目は、「主体的・対話的で深い学びの実現に向けた授業改善」のために、学校図書館の活用が示されたという点です。しかし、学校図書館が学習センターであり、情報センターであるという発想にはなりにくいというのが正直なところです。学校図書館が学習センターとして活用されていないというのが課題でもあるのです。

　「主体的・対話的で深い学びの実現」を目指そうと思った時、教科書だけでは情報が足りない場合は少なくありません。子どもたちに、ある内容をもう少し掘り下げて考えさせようとした場合、学校図書館の図書を資料として活用する場合も出てきます。これまでのように、教科書中心の授業では、そういう学びはあまり見られなかったのです。「主体的・対話的で深い学びの実現に向けた授業改善」では、学校図書館の学習センター、情報センターとしての機能の活用を図ることが必要になります。

　３点目は、「生徒の自主的、自発的な学習活動や読書活動を充実すること」とあるように、「自主的、自発的な学習活動」と「読書活動」が並列的に挙げられている点です。

3　読書の中に読解を位置づける発想が大切

　国語科の読書指導では、教科書教材を「読むこと」と読書を切り離した指導を行うことが多いようです。この場合、読解指導を読書指導の外に位置づけるというイメージです。国語科における「読むこと」の指導を読書指導の一つとして捉えるような発想に立つ必要があります。

　国語科の学習の一環として読書活動を行うためには、子どもたちが本の豊かな世界に出会い、読書への興味・関心をもちながら、日々の生活に読書を取り入れ、自ら主体的に読書生活を創造し、自立的な読書人を育てる指導を工夫することが大切です。

　かつて、国語科教育の研究者であった倉沢栄吉氏は、読書指導の中に読解指導を位置づけました。倉沢氏は、読書指導は、「文章内容（作品）と読者との対応対決」を第一義的に考えるものとし、一方の読解指導は、

【倉沢栄吉氏による読書指導と読解指導の違い】

読 書 指 導	読 解 指 導
○読む前に生活上の目的がある。目的にかなった生活処理で読みが完了する。	○読解の能力をつけるために読み、よみとり方がわかったことで読みが完了する。
○複数の資料が必要となる。目あて、処理の意図によって資料の価値が変わる。	○単一の資料を固定的におさえ、文章の論理や美が、資料価値である。
○内容価値を問題とし、従って教科のわくを越えようとする。	○表現の論理や美を微視的にとらえていく。教科性に忠実。
○人間形成という本質的な教育的目的をねらう。	○文章↔意味との対応関係を正しく把握する技能をねらう。
○教科書教材止まらず、多資料を発掘活用する。	○教科書教材のみに集中する。
○作品の生産過程に目をつけ、筆者や表現意図を相手にする。	○表現に集中し、文の展開を追求する。
○直観・総合的にみつめる力をつける。即ち、拡散的な読みとなる。	○分析・知的・論理的能力をねらっていく。つまり集約的な読みである。

「文章と意味の対応」が学習の中核であると考えました。そして、読書指導と読解指導の違いを示しました。読書指導と読解指導は、指導面から考えれば相当な違いがあるものの、読みという営み自体は同一であることから、両者の

【倉沢栄吉氏による読書指導と読解指導の捉え方】

関係は'同心円的構造'であると考えました。また、読解指導で非文学教材を扱った時に、読解指導が読書指導と密着すると考えました。

　教科書の読解指導では、詳細な読み、つまり精読を行います。しかし、精読だけでは補えないものがあります。読書指導と読解指導を切り離さず、同じ円の中にあるものとして捉えるとは、具体的にどういうことでしょうか。

例えば、同じ単元の中で両者を行うという工夫が考えられます。小学校でよく行われている並行読書もその工夫の一つといえるでしょう。

4 読書活動で育む資質・能力

読書活動では活動自体が目的にされがちです。また、教科外で実施されることが多いのですが、今後は、国語科を中心に、読書活動を年間指導計画の中に計画的・継続的に位置づけ、教科指導の中で読書活動を通して育成する資質・能力を明確にした読書指導を行う必要があります。

読書活動は読書指導の一つですが、国語科の授業の中で計画されることは少ないようです。始業前の朝の10分間読書をはじめ、多くの学校では、特別活動の領域として位置づけた読書活動が多いようです。

国語科の教科指導に読書を位置づけるためには、どのような資質・能力を養うかを意識して指導に当たる必要があります。

読書を通して育成したい資質・能力としては、次のようなものが挙げられます。

①読書の意義と効用について理解し、自ら主体的に読書に向かい、読書習慣を確立しようとする態度
②読書を通して豊かな言葉の使い手をめざそうとする態度
③読書を通して新たな言葉や言葉の用い方を知り、言葉を多様に活用することのできる語彙力
④キー・ワードを用いて本の内容を簡潔にまとめる要約力
⑤本の内容や文脈に即して文章の意味を理解する読解力
⑥目的に応じて本の中から必要とする情報を収集し、取捨選択したり加工・表現したりする情報活用能力
⑦本の魅力を自らの言葉で伝え合ったり聞き合ったりするコミュニケーション能力

教科書単元に関連した図書を用意し、並行読書の環境を整えた学校図書館
（岐阜県白川町立白川小学校、2017年撮影）

　これらの育てたい資質・能力の中から、目の前の子どもの実態に応じて選ぶようにします。

　娯楽的な読書のように1冊全てを通読するような読書のほかに、授業で生じた疑問や学習課題を解決するために読んだり、自己の興味・関心を解決するために読んだりするような読書も必要です。このような調べるために読む「探究的な読書」もまた読書活動の一つとして位置づけることが大切です。

　むしろ、大学での学びや社会生活では、調べるために読むということの比重が高いのです。言い換えれば、読書を情報活用能力育成のための手段の一つとしても捉えるということです。

〈参考文献〉
・倉沢栄吉「読書指導の原理」『季刊国語教育誌』（全日本国語教育学会機関誌）全日本国語教育学会編，新光閣書店，1971年.

第2章 国語科の読書単元をデザインする

この章のポイント

・これからの読書活動では、教科外の教育活動として行うものだけで
はなく、言語の教科である国語科に読書単元を取り入れ、年間を通
して、計画的・継続的な指導に努めることが大切です。

1 読書ガイダンスを工夫する

（1）不読者を減らす

　毎年秋に調査結果が公表される学校読書調査では、5月の1ヶ月間に
本を1冊も読まない（「不読者」といわれます）児童生徒の割合が注目さ
れます。特に高校生の不読者が全体の約半分を占めている点が問題視さ
れています。

　小学校の読書活動の浸透は、2001（平成13）年に、議員立法による「子
どもの読書活動の推進に関する法律」が施行されたことが大きいと思わ
れます。この法律では、全国の自治体に「子ども読書活動推進計画等」
を策定することを努力義務にしました。

　もともと小学校では、時間割の中に読書の時間を組み込み、読書を推
進していましたので、その基盤はできていたのですが、中学校や高校で
は、教科担任制のため、教員は読書の大切さを理解していても、自分の
教科の中に読書指導を取り入れるという発想はできませんでした。

　現在、小学校では読み聞かせ、読書の時間（読書タイム）などがよく

行われているようです。中学校では、読み聞かせよりも（もちろん、中学生向けに読み聞かせを実施している中学校もあります）、朝の学活の前に10分間読書を実施している学校が多く見られます。高校も中学校と似たような状況です。ただし、朝の読書が形骸化している面もあります。先生も子どもと一緒に教室で本を読むというのが、朝の10分間読書の考え方にはあります。中学校や高校では、読書の時間に職員室で打ち合わせを行っている学校もありますが、これでは、中学生は遊んでしまったり、宿題をしたり、お喋りに興じたりしてしまいます。

　次のような工夫が考えられます。

①日課を工夫して、朝の会や学活、ショートホームルームの時間の前に朝の読書を取り入れ、そのまま朝の会や学活、ホームルームに入る。
②教員の勤務時間の問題があるので、朝の始業時刻を早めて朝の読書を行うのではなく、始業開始以降の時間に行うようにする。
③昼休みを少し短くしたり、日課を後ろに伸ばしたりするなどの工夫により、朝の読書の時間を捻出する。

　無理なことは長続きしないので、全教員が取り組みやすい環境を整えることが大切です。

（2）読書ガイダンスを工夫する

　1年間の始まりに当たり、国語科の授業の一環として、読書に関するガイダンスを行うことが効果的です。
　次のような取り組みを導入してみましょう。

①1年間の読書のめあて（目標）を立てる。
②物語や小説だけではなく、科学的な内容の読み物やノンフィクシ

ョンなど、子どもたちがふだんはあまり読まないような分野の本を紹介する。

③学校図書館に出向き、書架をまわって、「読みたい本」のリストをつくる。

このように、子ども一人ひとりの読書への意欲を引き出します。新年度の始まりは、子どもたちも新鮮な気持ちになっていますので、気持ちを切り替えさせて読書生活の見通しを持たせるのに適した時期といえるでしょう。

なお、読書ガイダンスは、教室ではなく、学校図書館のように周りに本がある環境で実施する方がよいでしょう。特に③は本がないとできません。宿題にするという性質のものではありません。子どもに声かけをしながら、できれば司書教諭がいる学校は司書教諭と一緒に、学校司書が配置されている学校は事前に相談して、授業に協力してもらうようにします。

学期の終わりに読書生活を振り返ったり、また、各学期のはじめに行ったりするなどにより、年間を通じて計画的・継続的に行うのが理想です。4月の読書指導としてのガイダンスは、読書指導の第一歩です。

2 本の読み方を学ぶ

（1）国語科で読書の方法を指導する

読書活動は教科外の教育活動として実施されることが多いようです。例えば、朝の10分間読書にしても、本の選び方や読み方については指導しません。では、そのような指導はどこで行うのかといえば、国語科で指導するのが適切です。国語科にしても、教科書教材の詳細な読解は行われていますが、読書指導は教科外であると考えられている風潮があります。

　特に国語科に位置づける場合、読書活動で育む資質・能力を明確にできます。また、読書活動に様々なバリエーションが生まれ、読書活動を通した学びに広がりが出てきます。

　国語科では、子どもたちの自発的な読書生活を促すために、読書の方法を教えることはもとより、本を読むという読書行為そのものを国語科の授業の中に取り入れることが大切です。

　もちろん、学校によっては、全校一斉の読書の時間（読書タイム）を設けている学校もあるでしょう。その場合は、国語の時間こそ、読書計画を立てたり、読書の方法を学んだりするなどの読書指導や、読んでいる本を紹介し合ったり、読書記録をつけたりするなどの読書活動に充てるようにします。

（2）精読、熟読、斜め読み

　読んだ本の冊数を競わせるというのはよく見られる方法ですが、多読だけが読書の方法ではありません。

　読書には、多読のほか、国語科の授業で行われる精読、1冊の本をじっくり読む熟読、文章のところどころを飛ばしながら読む斜め読みなど、さまざまな方法があります。

　また、1人の作家の作品を集中して読む方法や同じジャンルの本を読む方法、これまで読んだことのないジャンルの本を読む方法など、さまざまな本の読み方があります。

　このようなさまざまな読み方は、指導しなければ子どもには身につきません。国語科の授業の中に本の読み方を学ぶような読書単元を取り入れましょう。そして、子どもにはさまざまな本の読み方を経験させることが必要です。バランスを欠いた読書指導は長続きしません。

　学校では、生涯にわたって読書に親しむ資質・能力を養うという視点を持つことが大切です。さまざまな読書の方法を学ぶことを通して、子どもたちが多様な読書経験をもつことは、生涯にわたって読書に親しむ

態度を養うことにつながります。自ら主体的に読書生活を創造する資質・能力を育むことを心がけたいものです。

　大人の指導や支援によって、子どもが楽しみながら読書を継続させられるように工夫していきたいものです。

3　本の世界に浸る─読書生活の創造という視点─

（1）手ごろな本に偏りすぎないようにする

　スマートフォンが子どもたちの生活に深く浸透しています。そのような中にあっては、学校は家庭とも連携しながら、学校生活と家庭生活のなかに読書習慣を確立し、読書生活を創造していくという視点を持つことが大切です。

　その意味で、先生も一緒に子どもたちと読書生活を送るように心がけてはどうでしょうか。1日10分間でもいいのです。教師生活の忙しい毎日のなかにも読書時間を作り、自分の読んだ本について語るような場面を設けましょう。

　すでに述べたように、毎年秋に調査結果が公表される学校読書調査では、不読者といわれる本を1冊も読まない児童生徒の割合が注目されます。特に高校生の不読者は多いことが問題視されています。

　しかし、子どもたちの読書生活の実態をこそ考える必要があります。「これまでに読んだ本の中でいちばん好きな本」の結果をみると、教科書に掲載されている作品や長年にわたり読み継がれている名作、読み応えのある重厚な作品を選んだ子どもは少ない傾向にあります。

　これは国語科で学んだ経験が読書生活に発展していないことも示しています。小学校では手軽に読める本を好み、中学生は話題になった本を好みます。中学校と高校に共通して挙げられているのは『ハリー・ポッター』です。先生や司書から本を勧められた経験が低い点も受けとめる必要があります。子どもにさまざまな本を勧める環境を整備しましょう。

（2）これからの読書活動は「見える化」と共有

　読書活動を通してさまざまな言語能力の育成を図るためには、音声や文字で言語化することにより、読書活動を「見える化」し、子どもたちが本の情報を共有する場を設けることが大切です。

　読書感想文の読み合い、読書感想画、書評合戦（いわゆる「ビブリオバトル」）は、子どもが本の情報を共有する方法の一つでもあります。特に文字による言語化は思考の「見える化」を図るものです。

　例えば、「書評合戦」の場合、どちらかといえば、これまでは発表の場として捉える傾向がありました。読書活動のまとめとして行う教室も見られます。

　しかし、これからは本の情報を共有する場としての位置づけを図るだけではなく、伝う合う能力を養う場として活かすように捉え直すことが大切です。

　本の情報を相手に伝えるためには、子どもが相手意識をもち、「どのようなこと（内容）を、どのような順序（組み立て）で、どのように伝える（表現）か」を考える必要があります。本の内容を簡潔に伝えるためには要約力も必要です。

　書評合戦が言語能力の育成につなげる手立てになっていきます。伝え合いを通して、楽しみながら本の魅力に触れることができるのです。そして、声や身振り、手振りの言語活動を通して、聞く力、表現力、コミュニケーション能力などの汎用的な言語能力が育ちます。

　国語科の時間には他にも学ぶことはたくさんありますので、学級活動や総合的な学習の時間も活用しながら、国語科と連携した取り組みを行えば、読書活動の時間をつくり出すことができます。

　例えば、書評合戦の準備として、本の紹介文を考えるための書く活動は国語の時間を充て、練習の場や発表の場は総合的な学習の時間を充てるという工夫が考えられます。

第3章 要約力や語彙力を養う読書活動

この章のポイント

・読書活動を通して要約力や語彙力を養うためには、アウトプットの一つとして、「話すこと」「聞くこと」や「書くこと」を取り入れることが必要です。

・本を読んで「本の情報カード」にまとめ、伝え合う活動を取り入れることにより、本の内容を要約する目的や相手を意識し、本の内容を的確に要約する力が養われます。

・「言葉集めカード・ノート」で素敵だと思う言葉を集め、用例を調べたり、言葉を用いる場面を考えたりすることにより、語彙の運用能力が養われます。

1 要約力を養う

(1) 本の全体像をまとめる

要約は、書く場合でも話す場合でも大切な言語能力の一つです。

要旨と要約には、意味の違いがあります。

【要旨と要約の違い】

> 要旨　文章の最も訴えたり伝えたかったりすることをまとめたもの。
>
> 要約　文章の全体(像)を簡潔にまとめたもの。

　両者を区別して指導する必要があります。要旨は、文章の肝心なところであり、言いたいことやねらいです。つまり、文章の'趣旨'となるものです。

　例えば、読書感想文の場合では、どのような内容の本なのかを紹介することが多いのですが、この場合は'要約'です。もちろん最初から'要旨'を書く場合もあります。読書感想文の場合、まとめとして最後の方に、自分なりに理解して、著者が読み手に最も訴えようとしていることを書くことの方が多いのです。この場合は、'要旨'です。

　日常的な言語生活の場面では、目的に応じて、要旨と要約を使い分けています。

　はじめに要旨を伝えてから、それぞれの部分、つまり全体のパーツとなる内容を要約して、要旨で伝えたことを証明していくような書き方があります。論理的な文章構成の方法として、このような書き方は、これからはますます必要になってくるでしょう。

　まずは、子どもの要約力を養いましょう。そのためには、日頃から本の内容を簡潔にまとめ、伝え合う活動を取り入れるようにします。

【本の要約をまとめるポイント】

○**物語や小説の場合**
・中心になる出来事は何かを見つけ、要約文に取り入れるようにする。
・物語の展開が変わる出来事（転換点）を見つけ、要約文に取り入れるようにする。
○**物語や小説以外の読み物の場合**
・キー・ワードを見つけ、要約文にキー・ワードの説明を入れるようにする。
・最も詳しく述べられている内容についての説明を入れるようにする（この場合、キー・ワードを含めるようにする）。

いきなり文章の全体像をまとめるのが難しい子どももいますので、まずは、全体をいくつかの部分に分けて、それぞれを要約し、つなげながら、まとめていくように指導する方法があります。

　ただし、部分どうしをつなげると、どうしても文章全体としてのつながりが悪くなってしまう場合も出てきます。つまり、ただつなげればよいわけではありません。

　そこで、重複している内容は削ったり、接続詞を工夫したりしながら、部分どうしの文章と意味がうまく通るように考えながらつなげ、全体像としてまとめていきます。

【要約指導のイメージ】

| 第１章の要約 | 第２章の要約 | 第３章の要約 | 第４章の要約 | 第５章の要約 |

| 文章の全体(像)＝要約 |

（２）本の情報カードをつくり、伝え合う

　「読書ノート」を参考にして、「本の情報カード」をつくる取り組みを紹介します。「本の情報カード」は、記憶が新しいうちにつくるようにします。

　相手に本の情報を簡潔に伝えるためには、要約して伝えることが必要です。要約というのは、何のために要約するのかという目的意識を示しにくい学習です。読書活動の中で要約を行うことにより、次のように言語活動の目的を明確にするとともに、子どもが相手意識を持って伝え合うことができるようになります。

【子どもに示すめあて】

〈目的意識〉
　読んだ本の情報を整理し、伝え合うことを通して、本の知識を増

やし、自分の読書生活に役立てよう。

〈相手意識〉

　本の情報について、相手に分かりやすく伝わるようにしよう。

　「本の情報カード」は、本の内容について、複数の観点から整理します。書名、著者、発行年、出版社といった書誌情報は、調べ学習の際に出典を意識することにつながるものです。どの項目を入れるかは、学年に応じて決めましょう。

　また、本の内容は、ただ漠然と整理するのではなく、複数の項目に分けて整理すると、子どもにとっては書きやすくなります。

【伝え合いのための「本の情報カード」例】

年　組　番　なまえ		記録日　　年　月　日
読んだ本		
著者のなまえ		
発行年	年　　　月　　　日	
出版社		
あらすじや本の内容		
面白かったところや心に残った言葉		
自分へのメモ		

2 言葉集めカードやノートで素敵な言葉を記録する

（1）カードやノートに整理する

　語彙は、単に多くの言葉を知っているだけではなく、実際にその言葉を実生活で使えなければ意味がないものです。つまり、語彙はたくさん知っていても使い方を知らなければ意味のないものなのです。

　この方法では、本の多くの情報の中から言葉や文章を取り出して、その言葉の用い方を学びます。詩、短歌や俳句を読書材にすれば、優れた言葉の使い方に出会わせることができます。いろいろな工夫ができる言

【言葉集めカード・ノート例】

気にいったことば	理由	出ていた本・出ていたページ数	使いかた──国語辞典を調べよう	作者・筆者

語活動です。詩、短歌や俳句からすてきだと思った言葉を見つける活動も考えられます。小学校であれば、児童詩の作品集を対象にしても良いでしょう。

　言葉の取り出し方としては、１語の語彙だけを書き留めるのではなく、その語の使い方がわかるように、文であればひとまとまりを、詩であれば一節を、短歌や俳句であればそのまま書き写すようにします。語の横に線を引きます。選んだ言葉そのものが素敵だという場合だけではなく、言葉の使い方が素敵だという場合もあります。素敵だと思った言葉が、ほかにどのように使われているのか、国語辞典を引き、用例を書き写します。

　発展的な学習としては、辞書の用例を参考にして、どのような場面で使うのが適切なのか、言葉を用いる「場面」を考える学習が挙げられます。つまり、子どもの〈場面意識〉に焦点を当てた学習です。用例のバリエーションを増やすことによって、言語の運用能力が高まり、言葉の生きた使い手になります。

（２）「素敵な言葉」を伝え合う

　言葉集めカードやノートで、素敵な言葉を収集しながら、そのままにしておかず、適宜、伝え合ったり、掲示したりするようにします。

　どうして素敵に思ったのか、「なんとなくいいと思った」ではなく、その理由を自分の言葉で説明できるようにするというのがポイントです。

　カードを用いれば、ペアを変えて、カードを交換して伝え合うだけではなく、読み合う活動を取り入れることもできます。

　伝え合いの言語活動では、発達段階にもよりますが、自分の言葉を補いながら説明するように指導します。

第4章 批判的な思考力を養う読書活動

この章のポイント

・絵本を用いて、批判的（クリティカル）に読むという読書活動を通じて、思考力を養います。

・読書は基本的には個人的な営みですが、みんなで読むことにより、新たな気づきが生まれ、深い読みにつながります。

・説明的文章に読書活動を取り入れて、筆者の意見に自分の意見を付け加えたり、筆者の意見を批評したりするという読み方を通して、批判的な思考力を養います。

1 批判的な思考力とは

　インターネットが普及した現代社会では、子どもは溢れるほどの情報に囲まれています。このような社会では、情報を吟味し、冷静に真偽や妥当性などを判断していく思考力が欠かせません。このような思考力は、批判的な思考力といいます。日本語の「批判」という言葉は否定的なニュアンスを持ちますが、批判的な思考力は、批判をする思考力ということではありません。むしろ、批評的に思考するという方がわかりやすくなりますが、もう少し具体的に考えると、次のようになります。

【批判的な思考力】

> ・情報を鵜呑みにせず、中身を吟味する
> ・情報を多面的・多角的に捉え直してみる
> ・吟味したり、多面的・多角的に捉え直したりしたことを、根拠を
> 　示して説明する

　ここでは「情報」としていますが、広い意味での情報です。テレビや新聞、インターネットといったメディアが発する情報を批判的に読み取る場合は、メディア・リテラシーといいます。特に今日では、ウェブサイトに対するメディア・リテラシーが必要です。

　しかし、このようなメディアだけではなく、本に書かれている中身も「情報」の一つとして捉えることができます。「情報」というものを広く捉えれば、本もメディアの一つであるといえます。

　ただし、批判的な思考力は、一朝一夕では身につきません。批判的な思考力を養うための読書活動を経験することが必要です。

　批判的な思考力は汎用的な思考力の一つです。コンピテンシーといわれるもので、実社会・実生活に活用する能力です。

2 物語や小説を批判的に読む

（1）オープンエンドな物語や小説

　物語の終わり方には、ハッピーエンド、バッドエンド、ビターエンド、オープンエンドがあります。オープンエンドとは、結末がどのようにも読めたり、結末で物語が完全に終わらずにそのまま続いていったりするような余韻を持たせた終わり方をする作品のことをいいます。つまり、結末の行方が読者の想像力に委ねられている物語をいいます。

　長年にわたって高校1年の国語教科書に採録されてきた『羅生門』という作品があります。この作品では、荒れ果てた平安朝の京都の外れに

ある羅生門が舞台です。主人から暇を出された（つまり、解雇された）主人公の下人は、行くあてもないまま羅生門にやってきます。下人が羅生門の楼上にのぼりますと、並べられた死骸を見つけます。よく見ると老婆がいます。老婆は死人から髪の毛を抜いていました。老婆の説明を聞いているうちに、下人の気持ちは急に変わり、老婆の着物を剥ぎとります。そして、羅生門の外に駆け下りて、闇の中に消えていきます。「下人の行方は、誰も知らない。」という一文で締め括られます。読者はもちろんのこと、作者でさえも下人の行方は知らないのです。

　また、『ごんぎつね』も、ある意味でオープンエンドな作品です。ごんの死で物語は終わります。兵十は火なわ銃で撃ってしまった相手、いつもくりをくれたのが「ごん」であると気づきます。

> 「ごん、おまい（おまえ）だったのか、いつもくりをくれたのは。」
> 　ごんは、ぐったりと目をつぶったまま、うなずきました。
> 　兵十は、火なわじゅうをばたりと取り落としました。青いけむりが、まだつつ口から細く出ていました。

　兵十は、いったいどのような心情なのか、それはテクストには示されていません。読者の想像力に委ねられた結末になっている物語です。

　結末を想像する読みは、テクストの中に根拠を求め、テクスト全体を俯瞰的に捉え直すという読みが必要になります。妥当性を担保するための根拠を探して説明することが難しい作品もあります。

　しかし、テクスト全体を捉えることは、物語の構造を読み取ることにもつながります。物語の行く末を想像するという読みを通して、他の本を読む時にも活用できる読書の新たな力、コンピテンシーが養われることになります。

（2）絵本を用いて批判的に読む

　ここでは、絵本を用いて考える授業を紹介します。東京都東大和市立第五中学校（当時）主幹教諭の望月伸一先生（現在、東京都東大和市立第四中学校）の中学１年を対象とした絵本を用いたクリティカル・リーディングの授業実践です。

　教材・学習材はガブリエル・バンサンの『アンジュール』(BL出版、1986年初版) です。全ページが黒色のデッサン画の絵本です。

　物語は、疾走する車の窓から１頭の犬が投げ捨てられる場面から始まります。犬は車を

ガブリエル・バンサン『アンジュール』（BL出版、1986年初版）

追いかけますが、あっという間に走り去ってしまいます。犬は車を探して、あてどなく街や野、浜辺をさまよいつづけます。そして、ようやく１人の子どもに出会います。その子どもは犬を入れるゲージを傍に置いています。その子どもが近寄ってきて、犬は子どもと顔を見合わせるのです。名作として名高い作品です。

　生徒から出された疑問には、次のようなものがみられました。

【生徒から出された疑問】

　・なぜこの犬は捨てられたのか
　・なぜこの絵が表紙に使われたのか
　・なぜここで犬が吠えているのか
　・なぜ犬が黒く、だんだんと小さく絵が描かれていくのか

・最後に出てくる子どもは誰か

・なぜ色をつけていないのか

　望月先生の授業は、次の手順で進めています。

【授業の手順】

○絵本を通読後、個人で疑問に思ったことを３つ出す

○十分に時間をとってから、ペアを組む

・お互いの疑問を出し合う

・考える価値のある疑問を一つ選び、絵本の中に根拠を求めながら、疑問に対する答えを考える

・選んだ疑問については、次の観点で考える

> ・ペアで取り組む価値があるか
>
> ・他の視点から見た時に答えは変わらないか
>
> ・根拠に説得力はあるか

・１枚の絵だけではなく、他の絵との関連に注目して考える

○全員の前で発表する

○聞き手は、次の観点で発表を聞く

> ・説得力はあるか
>
> ・論理的に説明しているか
>
> ・妥当であるか

○聞き手は、次の点を心がけて意見を言うようにする

> ・賛成、反対、質問、発表に付け加える、といった自分の立場を明らかにする
> ・根拠を添えて説明する
> ・評価的な読みが難しい生徒には、発表や討論の感想を言うようにする

　授業では、根拠に基づいて自分の意見の妥当性を確かにしていくことが大切にされています。

　このような読みが実現できる絵本は、他にもあります。『おじさんのかさ』（佐野洋子著）や『アライバル』（ショーン・タン著、小林美幸訳）は、読み手に視点を変えて考えることを促す作品です。

　『おじさんのかさ』は、雨の日に傘が濡れるのが嫌なので、傘を持っていても傘をささないおじさんの物語です。

『おじさんのかさ』（佐野洋子著、講談社）

『アライバル』（ショーン・タン著、小林美幸訳、河出書房新社）

『アライバル』は、新しい土地に移住した移民が捉える世界が描かれています。新しい土地で使われている言語の文字は、記号にしか見えません。発想の転換を迫られる作品になっています。

3 物語や小説の構造を読む

（1）プロット、ストーリー、語りを読む

作品を相対的に捉えて、物語や小説の構造に着目して読む方法があります。

物語や小説には、プロット、ストーリー、語りの３要素があります。

- ・プロット（重要な出来事のまとまり）を意識して読む
- ・ストーリー（プロットのつながり方）に気をつけて読む
- ・「語り手」がだれなのかを考えて読む

プロットとプロットのつながりがストーリーなのですが、プロットは必ずしも時間軸に沿って時系列で並べられているわけではありません。推理小説は特にそのような構造になっています。現在と過去を行ったり来たりする場合や、語り手が入れ替わるような小説もあります。

例えば、中学１年の国語教科書の安定教材の一つである『少年の日の思い出』（ヘルマン・ヘッセ）では、語り手である「わたし」が客とやりとりしている現在の時間の中に、客が語る過去の思い出話が挟み込まれています。語り手の「客」（「友人」）は、「ぼく」の人称で語られていきます。しかも、物語は、結末になっても冒頭場面の語り手である「わたし」には戻りません。物語が冒頭に回収されないという構造になっています。別の見方をすれば、余韻を残す語り方になっています。物語の続きを考える学習も考えられます。

ひとつ気をつけなければならないのは、客である「ぼく」によって語られる過去は、あくまでも「わたし」と客とがともにいる現在の時間の

中にあるということです。

　物語がどのように語られているのか、語り手の語り方を捉えることは、語りの構造を読むことにもなります。

　物語の構造は、授業者が示すのではなく、例えば、グループで協働的に読む中で、「見える化」の一つとして、図にする学習を取り入れることによって、生徒の気づきを促すようにします。

【「語り」を読み、物語の構造を図にする　『少年の日の思い出』】

> 「わたし」の語り
>
> > 　「わたし」と「客」（「友人」）とのやりとり
> >
> > ⇩
> >
> > ・友人はその間に次のように語った。
> >
> > > 　客の語り（少年時代の思い出話）
> > > ・「ぼく」の語り

（２）人物相関図にすることで、物語や小説の構造に気づく

　物語や小説の場合、登場人物の人間関係を相関図にしてみることで、分かりやすくなったり、気づいたりすることが出てきます。大人でも多くの登場人物が複雑に絡み合う小説を読む時に、簡単な人物相関図を作ってみることで、読みやすくなる場合があります。

　例えば、ドストエフスキーの長編小説（『カラマーゾフの兄弟』など）では、ロシアの人名に馴染んでいませんので、１枚の紙やノートに相関図をつくりながら読み進めていくことにより、複雑に思えていた人間関

係がつかめるようになり、ストーリー展開を追いやすくなります。

　物語や小説の場合、人物相関図をつくる場合、ていねいに再読しなければならないのですが、次のように登場人物と出来事に着目した読みを促していくことが大切です。この読み方は、国語の教材に限られたものではなく、実生活の中で読書をする場合にも活用していくことのできる読み方でもあります。つまり、汎用性のある読み方なのです。

【人物相関図をつくるときに注意すること】

- ・主人公の名前を大きく書き、○で囲む
- ・人物と人物で関係のあるもの同士を線でつなぐ
- ・人間関係のつながりの程度を考えて、線の長さや太さで表す
- ・他の登場人物の名前は重要度を考えて大きさを変える
- ・主人公以外の登場人物をどこに配置するかを考える

　東京都稲城市立稲城第四中学校（当時）教諭の岩田美紀先生（現在、東京都世田谷区立砧南中学校）は、椎名誠の中学２年の国語教科書書き下ろし作品『アイスプラネット』（光村図書出版）を人物相関図にしながら、読みを深めていく授業を実践しました。

　物語は、中学生である「僕」の語りで進められます。38歳の「いそうろう」である「ぐうちゃん」は職に就かず、時間ができると世界中を旅しています。「ぐうちゃん」本人の弁では、測量の仕事をしているといいます。「僕」は「ぐうちゃん」が語る話をほら話だと思っていて、少しも信じていません。物語の中盤で、「僕」は「ぐうちゃん」を遠ざける心情へと変わります。

　岩田先生の授業で、私はある一つのグループに絞って取り組みを観察しました。

　生徒たちは人物相関図をつくりながら、他の登場人物である「母」「父」と「僕」の距離感について考えていました。続けて、物語の中盤で

〈『アイスプラネット』の人物相関図　生徒の作成例〉

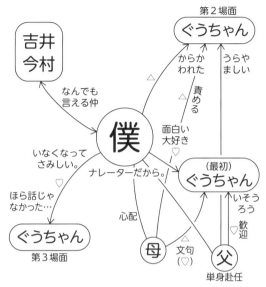

図1　『アイスプラネット』の物語全体を1つの人物相関図にまとめたもの

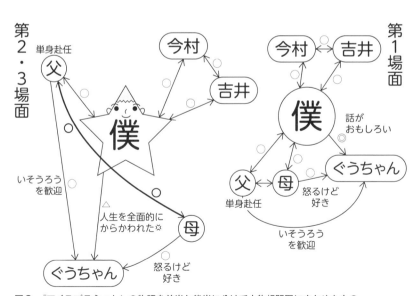

図2　『アイスプラネット』の物語を前半と後半に分けて人物相関図にまとめたもの

「ぐうちゃん」との距離感が変化していくことに気づいたのです。そして、どのように人物相関図にするのかを考え始めました。

そこで、生徒たちは前半と後半で相関図を分けて、「僕」と「ぐうちゃん」の間をつなぐ線の長さを変えることで、２人の距離感を表すようにしました。生徒たち自身が物語の重要な転換点に気づいたのです。

『アイスプラネット』は複雑な構造ではありませんが、そのような物語や小説であっても、人物相関図にすることによって、新たな気づきが生まれる場合があります。読書の方法の一つとして身につけておくとよいのではないでしょうか。

4 説明的文章を批判的に読む

国語の授業のなかで説明的文章を読む際、書かれている内容を理解する学習（内容面）と、どのように書かれているかを理解する学習（形式面）の２つがあります。文章展開や言葉の使い方などの形式面を学ぶことにより、説明的文章の読み方が身につき、他の文章を読む時に生かされます。内容面と形式面は一体ですので、どちらかに偏りすぎることのないように、両者のバランスをとった読みの学習が大切です。

筆者の意見は絶対のものではありません。筆者が根拠として事実を示して、ひとつのものの見方・考え方を論理的に完結させているものです。筆者の意見を権威的に不変のものとして読むのではなく、筆者の意見を材料にして、自分はどう考えるのか、自分なりの意見を練り上げていく読み方も必要です。

これは主に内容面を批判的に読む読み方ですが、このような読み方は、読書においても、本を読んで、筆者の意見を土台にして、自分なりの考えをつくり出そうとする習慣を養うことにつながります。

ただし、この前提として、「筆者の意見は何を根拠（事実）にして述べられているか」を理解しておく必要があります。

【事実や意見を多面的・多角的に捉え直すときの「問い」】

> ①筆者の意見の良いところは何だろうか〈意見の評価〉
>
> ・分かりやすかった例（事実）はあるだろうか
>
> ・今まで知らなかったり、気づかなかったりしたことは、何だろうか
>
> ②筆者があげている事実や意見に付け加えられることはあるだろうか〈根拠として示された事実の評価〉
>
> ・もう少し説明を付け加えて、筆者の意見をもっとわかりやすくしてみよう
>
> ・筆者が説明していないことは、ほかにはないだろうか

　子どもにとって取り組みやすいのは、「筆者の意見の良いところ探し」である①です。②は筆者の意見を補うためのものです。

　このような読みの学習は、書かれていることを否定的に捉えることではありません。評価したり、捉え直したりすることで批評的な読みを行い、批判的な思考力を養おうとするものです。

〈参考文献〉
・望月伸一「絵本を使い批判的に読むクリティカル・リーディング」, 稲井達也・吉田和夫編著『これかならできる楽しい読書活動』学事出版, 2015年.
・松本修「『少年の日の思い出』における語りの構造」,『Groupe Bricolage紀要』23巻, 2005年.
・岩田美紀「グループ・セッションと『見える化』を工夫した小説『アイスプラネット』の授業」, 稲井達也・吉田和夫編著『主体的・対話的で深い学びを促す中学校・高校国語科の授業デザイン：アクティブ・ラーニングの理論と実践』学文社, 2015年.

第**5**章　ペアやグループで読み合い、ともに深い読みに進む

・読書は個の営みですが、複数で読むことにより、新たな効果や楽しさが生まれます。

・黙読だけはなく、同じ作品をペアやグループで役割分担をして声に出して音読することにより、新たなことに気づくことがあります。

・気づいたことや考えたことなどをお互いに出し合い、共有することにより、深い読みへとつながる場合があります。

1　みんなで読んでみる

　読書というと、どうしても一人ひとりの子どもが別々の本を読んでいる姿をイメージしがちです。黙読というスタイルです。朝の読書や読書タイムなどの一斉読書では、それぞれが自分の好みに応じて、黙読をするというのが、一般的な読書スタイルです。

　しかし、声に出して読むことで、気づくことは少なくはありません。例えば、物語や小説の会話にしても、黙読の場合、言葉を発したときの感じは、あくまでも頭の中のイメージでしかありません。声に出してみると、「こんな感じでいいのかな」「少し違うかな」などと、どういう感情でどのように発した言葉なのかを考えるようになります。黙読は近代社会が生み出した効率的な読書方法なのです。

　教室でみんなで同じ本を音読する場面を取り入れてはどうでしょう

か。国語の教科書教材は取り入れやすいでしょう。また、このほかに、クラスの人数分の同じ本を用意して、黙読を中心にしながらも、あえて音読する時間を設けるのも一つの方法です。

　国語の授業では、全員が立って音読し、音読が終わった子どもから着席していくという方法を取り入れている場合があります。しかし、子どもは早く読むことにばかり気をとられ、あまり意味がない音読になります。

　家庭学習に音読を課すことは少なくないのですが、いつも同じ箇所を音読しているため、暗唱してしまいます。暗唱が目的の教材であれば問題はないのですが、目的によっては形式的な宿題になってしまいます。

　小学校の場合、音読を取り入れると教科や教材に関係なく、独特の抑揚で読む子どもが多く見られないでしょうか。しかし、中学校に入ると、その独特の抑揚での音読はほとんど見られなくなります。

　ていねいに一語一語の言葉をたどって読むことと、音読の抑揚が独特であるということとは違います。

　当たり前のように取り組んできた音読の仕方を、学年の発達段階を考慮しつつ、改めて見直してみるということも必要です。

2　音読で空白を埋める

　物語や小説では、文字で書かれたテクストを黙読したとしても、実際に、子どもはなかなか登場人物の動きや心情などをイメージしにくいものです。特に、心情を想像する読みが苦手な子どもは少なくはありません。

　例えば、グループの中で役割を分担して音読してみる、という協働的な言語活動を導入することにより、音読の中で子どもが改めて気づくことが出てきます。

　『ごんぎつね』の次の場面を取り上げてみましょう。

五

　ごんは、お念仏がすむまで、井戸のそばにしゃがんでいました。兵十と加助は、またいっしょに帰っていきます。ごんは、二人の話を聞こうと思って、ついていきました。兵十のかげぼうしをふみふみ行きました。

　お城の前まで来たとき、加助が言いだしました。

　「さっきの話は、きっと、そりゃあ、神様のしわざだぞ。」

　「えっ。」

と、兵十はびっくりして、加助の顔を見ました。

　「おれはあれからずっと考えていたが、どうも、そりゃ、人間じゃない、神様だ。神様が、おまえがたった一人になったのをあわれに思わっしゃって、いろんな物をめぐんでくださるんだよ。」

（お思いになって）

　「そうかなあ。」

　「そうだとも。だから、毎日、神様にお礼を言うがいいよ。」

　「うん。」

　ごんは、「へえ、こいつはつまらないな。」と思いました。「おれがくりや松たけを持っていってやるのに、そのおれにはお礼を言わないで、神様にお礼を言うんじゃあ、おれは引き合わないなあ。」

六

　その明くる日も、ごんは、くりを持って、兵十のうちへ出かけました。兵十は、物置でなわをなっていました。それで、ごんは、うちのうら口から、こっそり中へ入りました。

　そのとき兵十は、ふと顔を上げました。と、きつねがうちの中へ入ったではありませんか。こないだ、うなぎをぬすみやがったあのごんぎつねめが、またいたずらをしに来たな。

　「ようし。」

　兵十は立ち上がって、なやにかけてある火なわじゅうを取って、火薬をつめました。そして、足音をしのばせて近よって、今、戸口を出ようとするごんを、ドンとうちました。

　ごんは、ばたりとたおれました。

　兵十はかけよってきました。うちの中を見ると、土間にくりがかためて置いてあるのが、目につきました。

　「おや。」

と、兵十はびっくりして、ごんに目を落としました。

　「ごん、おまい（おまえ）だったのか、いつも、くりをくれたのは。」

　ごんは、ぐったりと目をつぶったまま、うなずきました。

　兵十は、火なわじゅうをばたりと取り落としました。青いけむりが、まだつつ口から細く出ていました。

（光村図書出版 令和２年度版『国語四下』26–29頁）

　「学習のめあて」としては、「場面を想像し、登場人物の気持ちや動作を考えて、音読を工夫しよう」とします。

　また、学習の手順を示し、子どもが学習の見通しを持てるようにします。

　まずはペアを組み、個人で音読の練習を行い、お互いの音読を聴き合うようにします。次に、４人で地の文と加助、兵十の役割分担（地の文を読む役２人、加助と兵十の会話を読む役２人）をします。

　六の場面は、地の文の文章量が多く、兵十の会話が少ないので、地の文と兵十の役割を変えて、何回か音読するようにします。

　また、次の箇所では、兵十のつぶやきが「　」をつけずに地の文のなかにそのまま差し込まれています。ここでは、やはり、音読のしかたを変える必要があるでしょう。こういうことも、話し合いを進めながら音読を繰り返す中で、子どもの気づきの一つとして出てくることが期待できます。

> そのとき兵十は、ふと顔を上げました。と、きつねがうちの中へ入ったではありませんか。こないだ、うなぎをぬすみやがったあのごんぎつねめが、またいたずらをしに来たな。

　もし、子どもからの気づきがない場合には、「語りのことばのなかにも、つぶやきが入っているよ」と、箇所は示さずにヒントを出していいですし、具体的な箇所を先生が教えてもよいでしょう。

　また、音読する際、子どもには、表情や動作を想像して、実際に試しながら音読するように指示します。もちろん、自然に身ぶり手ぶりが出る場合もあるでしょう。

　このような音読には、劇化の要素が含まれています。ただし、本格的な劇化の場合、シナリオ作りに多くの時間をとられてしまいますので、「動作を交えることにより、空白が埋められるかどうか」という観点で、劇化する場面を絞り込むようにします。例えば、「『おや。』と、兵十はびっくりして、ごんに目を落としました。」とありますが、どのようにごんに目を落としたのか、さまざまな表情が考えられます。

　表情や動作、心情を考えるのが苦手な子どもにとっても、実際に動作を交えることにより、想像しやすくなります。また、次のように表情や動作と気持ちを書き込めるワークシートを用意すると学習を進めやすくなります。先に表情や動作を考えてから、気持ちを考えやすくします。

　国語の授業の場合、動作を交えてわかったことを書き込み、言語化しておく必要があります。動作を交えることが目的ではなく、動作を交えるという手立てにより、子どもが登場人物の心情を捉えやすくすることが目的です。子どもたちから班で考えた心情を出してもらい、全員で共有する場面を設けます。

　学習の終わりには、学習を振り返り、相互評価します。音読を通して、学習目標を達成できたかを相互評価するための観点を設けます。

【ワークシート例】

「おや。」と、兵十は**びっくりして、ごんに目を落としました。**

　　→　　どのような表情で「ごんに目を落とし」たのか？

・班の考え（　　　　　　　　　　　　　　　　　　　　　　　）

　　→　　どのような気持ちで「ごんに目を落とし」たのか？

・班の考え（　　　　　　　　　　　　　　　　　　　　　　　）

「ごん、おまいだったのか、いつもくりをくれたのは。」
　ごんは、**ぐったりと目をつぶったまま、うなずきました。**

　　→　　どのようにうなずいたのか？

・班の考え（　　　　　　　　　　　　　　　　　　　　　　　）

　　→　　どのような気持ちでうなずいたのか？

・班の考え（　　　　　　　　　　　　　　　　　　　　　　　）

　兵十は、**火なわじゅうをばたりと取り落としました。**青いけむりが、ま
だつつ口から細く出ていました。

　　→　　どのように火なわじゅうを落としたのか？

・班の考え（　　　　　　　　　　　　　　　　　　　　　　　）

　　→　　どのような気持ちで火なわじゅうを落としたのか？

・班の考え（　　　　　　　　　　　　　　　　　　　　　　　）

【相互評価の観点】

（1）音読を通して、場面を想像することができましたか？

（2）音読を通して、兵十やごんの気持ちを考えることができました
　　か？

　「場面を想像する」というのは、兵十とごんの表情や動作を想像すると
いうことです。声と動作は一体のものです。

【音読を取り入れる学習手順】

○学習のめあてを説明する
　「場面を想像し、登場人物の気持ちや動作を考えて、音読を工夫しよう」
○学習の手順を示し、子どもは学習の見通しを持つ

○ペアを組んで、音読の練習をする
○音読を聴き合う

○役割分担をする
○役割分担の通りに音読する

○音読で気づいたことを出し合う
○話し合って決めたことをワークシートに書きこむ
○役割分担の通りに音読する

○役割を変えて音読する
○気づいたことがあれば出し合う
○話し合って決めたことをワークシートに書きこむ
○音読する

○音読の仕方を工夫した箇所と心情を発表する
○クラス全員で共有する

○クラスで共有したことを参考にして、自分たちの考えを振り返るとともに、足りないことがあれば、付け加える
○まとめの音読をする
○学習を振り返り、相互評価する

　音読は、あくまでも言葉を生きたものとして実感を持って具体化するための手段の一つです。

3　対話的な読書会を取り入れる

　同じ本をクラスの人数分用意して、教室や学校図書館に常備します。全国学校図書館協議会が読書会（集団読書）用の本を出しています。１冊１編のハンディーなサイズの本です。価格も安く抑えられています。

　総合的な学習の時間や読書タイムなどの時間を活用して、継続的に読んでいきます。

　読む速さには個人差がありますので、スモール・ステップで学習を進めます。物語や小説の場合、場面の区切りのよいところまでを指示し、個人で読みます。物語や小説以外の読み物の場合も、区切りのよいところを決めておきます。

　その後、グループによる読書会を行います。ただし、読書会には、ある程度まとまった時間が必要です。

　ただ漫然と読書会をするのでは、どのように進めればよいのか、子どもは戸惑ってしまいます。そこで、子どもの「問い」を中心にしながら、

展開していくという方法を取り入れるようにします。

　進行役を決めて、グループの中で子どもが疑問に思ったことや考えたことを「問い」として出し合います。そして、その問いを取り上げ、グループで話し合います。いろいろな考えを交流することを大切にします。

【物語や小説の場合の問い（例）】

- ・なぜ主人公（登場人物）はこのように行動したり、話したりしたのか？
- ・このときの主人公がとった行動は正しかったのか？（どう考えるか？）
- ・このときの主人公の気持ちはどのようなものだったのか？
- ・（終わりまで読んだ場合）結末をどう考えるか？
- ※「問い」が出しにくい場合は、「印象に残った場面」や「印象に残った言葉」などを出し合います。

【物語や小説以外の読み物の場合の問い（例）】

- ・どのようなことに興味・関心を持ったか？
- ・どのようなことを疑問に思ったか？
- ・説明が分かりやすかったところ、説明が分かりにくかったところはどこか？
- ・（終わりまで読んだ場合）もっと知りたくなったことは何か？
- ※「問い」が出しにくい場合は、「本を読んで、はじめて知ったことは、どのようなことか？」を出し合います。

　友だちからは自分では思いもしなかった考えが出されたり、自分の考えが尊重されたりすることで、読書の楽しさが実感されます。また、何よりも同じ本でもさまざまな読み方があることに気づきます。

　意見を出しやすくするためには、次のような聞き方と話し方のルールを決めます。これは実社会・実生活でも求められるマナーともいえるものです。

【読書会のルール】

> ・相手の意見は、最後まで聞き、途中でさえぎったり、意見を言ったりしない
> ・相手の意見と違う場合、理由を示して、意見を言う
> ・意見を言う場合、他の人が話す時間も考えて、自分だけ長く話しすぎないようにする
> ・質問するときは、みんなに分かるように聞くようにする

　相手の気持ちをしっかり考えながら、その場にふさわしい話し方で自分の考えを表現することに努めるように指導します。読書会は討論の場ではありません。「その場にふさわしい話し方」とは、つまり、場面意識のことです。読書会では、「本を読んで、さまざまな意見をもとにして、自分の読みの参考にすること」を大切にするという場面意識を持たせるようにします。

　もちろん、このような読書会であっても、自分の意見は根拠を示して説明することが必要です。しかし、論理的思考力を養うことを目的にしているわけではありません。温かな雰囲気をつくらなければ意見は出しにくくなります。読書会もまた、「聞くこと」を大切にします。

　今日の社会では、流暢に話す能力ばかりが求められるような傾向にあります。コミュニケーション能力というとき、話す能力を考えがちです。例えば、自動車の販売実績の高い営業マンは、けっして言葉は流暢でなく、むしろ話し下手である場合が少なくないといいます。

　読書会では、話し方が流暢である必要はないのです。本を読んで、なかなか言葉にしにくい自分の考えであったとしても、どうにか自分なり

　に言葉にして相手に伝えていく、そして、自分の意見に対して友だちから意見をもらう。そのためには、一人ひとりに「聞くかまえ」、「待つかまえ」ができていないと成り立たないのです。

　そして、読書会のねらいの一つには、速読とは対極にある「スロー・リーディング」があげられます。時間をかけて１冊の本をじっくりと読む。その中から自分の考えが出てきます。言葉を紡ぐには時間が必要です。読書会は、読んだ本の冊数を競うこととは対極にある取り組みなのです。

〈参考文献〉
・稲井達也・畑綾乃「文学作品の読み深めを促す劇化の意義：漱石『こころ』の読みの空所を埋める劇化による深い学びの可能性」，国語科学習デザイン第２巻第１号，国語科学習デザイン学会，2018年.

●【参考資料】集団読書テキスト〈小学生向け〉

※グレードは対象学年の目安です　　　　　　　　　　　　　　全国学校図書館協議会

No.	書名	説明	本体価格	内容	グレード
A1	杜子春	芥川龍之介著 31p ISBN978-4-7933-7001-4	136	主人公杜子春のさまざまな経験を通して、平凡な人間として生活するほうが幸福であることを説いた代表的短編。	小高
A2	おおかみ王ロボ	E. T. シートン著 白木茂訳 38p ISBN978-4-7933-7002-1	146	動物対人間の生存競争の果てに倒れるロボを気高く描き、ダイナミックな感動を呼ぶ動物文学。	小中〜小高
A3	一房の葡萄	有島武郎著 18p ISBN978-4-7933-7003-8	126	盗みをした少年の心の葛藤と悲しみ、それを優しく包む教師の愛情、紫の葡萄の記憶を通して心に染みる。	小中〜小高
A5	片耳の大鹿	椋鳩十著 19p ISBN978-4-7933-7005-2	126	狩人はなぜ大鹿を撃たなかったのか。野生の動物の知恵と勇気、それを追う人間の心の動きと愛情を描く。	小中〜小高
A7	泣いた赤おに	浜田廣介著 27p ISBN978-4-7933-7007-6	136	人間と仲よく暮らしたいという赤おにの望みをかなえるため自分を犠牲にする青おにの善意と友情を描く。	小低〜小中
A8	よだかの星	宮沢賢治著 19p ISBN978-4-7933-7008-3	126	みにくいというだけでみんなから嫌われ孤独なよだかが必死の努力をし最後は美しい星となる悲しい童話。	小高
A9	ヒロシマのうた	今西祐行著 27p ISBN978-4-7933-7009-0	136	原爆投下の街で助けた子の成長を追って、傷を背負って生きる人々の人生模様を愛を込めて語る。	小高
A14	馬ぬすびと	平塚武二著 55p ISBN978-4-7933-7014-4	165	鎌倉時代の初期、源頼朝の馬を盗もうとして捕らえられた馬ぬすびとと九郎次の生涯を「語り」の形式で描く。	小高
A21	セロ弾きのゴーシュ	宮沢賢治著 38p ISBN978-4-7933-7021-2	146	不器用さでいじめられる実直な人間が動物たちに励まされ精進の末、劣等感を克服する姿を賛美する。	小中〜小高
A28	小さなお客さん	あまんきみこ著 15p ISBN978-4-7933-7028-1	117	空いろのタクシー運転手松井さんが出会った、不思議なお客さん。現実と空想の世界を結ぶファンタジー。	小低〜小中
A33	ひとりぼっちの動物園	灰谷健次郎著 31p ISBN978-4-7933-7033-5	136	不就学児童にとりくんだ話題作。飼育係亀山さんの真けんな姿に心を開いていく少年を、あたたかいまなざしで描く。	小高
A37	おじいさんのランプ	新美南吉著 35p ISBN978-4-7933-7037-3	146	ランプへの哀愁と新しい電灯ー文化への目ざめの中で葛藤する主人公巳之助を描く南吉の代表作。	小高

51

A41	おこりじぞう	山口勇子著 19p ISBN978-4-7933-7041-0	126	原爆でやけ野原になった広島の町に、首から上がない石じぞうが、じっと立っていた。一人の老人が丸い石をのせると、石のくぼみがいつの間にかおこった顔に見えるようになった。原爆の語り部といわれる著者が原爆への怒りをつづる。	小中
A43	金剛山の虎退治	松谷みよ子著 26p ISBN978-4-7933-7043-4	136	虎退治に行ったままとうとう帰ってこなかった父親の復しゅうのため若い吉龍（キルリヨン）は、金剛山（クンガンサン）へ出かけ、みごとに仇討ちに成功する。朝鮮民衆の心を伝える朝鮮民話の1編。	小高
A44	キツネとツグミ （在庫僅少）	A.トルストイ著 田中泰子訳 14p ISBN978-4-7933-7044-1	117	木の上でひな鳥を育てるツグミに、ずるがしこいキツネが次つぎに無理難題をふっかけてくるが、結局、最後には自滅する。レーニン賞受賞作家によるたのしいロシア民話である。	小中
A46	たぬき親父	柏葉幸子作 19p ISBN4-7933-7046-2	152	うちのオヤジは、少しかわっている。ある日おれの部屋に入ってきて、変な話を始めた。じいちゃんが、実はたぬきだというのだ……！父と息子のちょっと不思議なひとときを描く。	小高
A47	マボロビッチ	今村葦子作 27p ISBN4-7933-7047-0	190	元気な女の子・かがりちゃんは、ゆかいなことば遊びを思いついた。「マカロビッチ、マクロビッチ、マカロボッチ、チョッ！」不思議なことばのやりとりが楽しい物語。	小低 〜 小中
A48	僕はジャングルに住みたい	江國香織作 15p ISBN978-4-7933-7048-9	143	もうすぐ小学校の卒業式。サイン帖の交換でもりあがるクラスの中で、なんとなく不機嫌につつまれる僕。女の子への淡い思いも織りまぜて、少年の気持ちをきめ細やかに描く。	小高
A49	マチンバ	安東みきえ作 23p ISBN4-7933-7049-7	181	町に住む山んば＝マチンバとあだ名をつけたおばあさんの玄関チャイムを、押して逃げる遊びがはやった。ミオとヒナコの姉妹は、ふとしたきっかけで、ほんの少し心がふれあう。	小高
A50	青い花	安房直子作 23p ISBN978-4-7933-7050-2	180	かさ屋の青年は、雨の日に出会った少女のために、とびっきりすてきな青いかさを作った。その日から、町で青いかさは大評判。青年は仕事の忙しさに、しだいに心を失っていく。青い色が心に残る、幻想的な物語。	小中

A51	フングリコングリ	岡田淳作 23p ISBN978-4-7933-7051-9	180	フングリコングリ、それはアスカがカズマから教えてもらった指遊び。やっているうちにアスカの腕は上がっていき、体は浮きあがり、そのまま天井を抜けて……。授業中の遊びが招いた不思議なできごとを楽しく描く。	小中
A52	ぬくい山のきつね	最上一平作 35p ISBN978-4-7933-7052-6	200	過疎の山村で一人暮らすおトラばあさんの前に、死んだはずの夫、金五郎が現れた。ぬくい山のきつねだとすぐわかっても、うれしいおトラばあさんは、いっしょに家に帰る。二人の心のふれあいを、温かく描く。	小高
A53	最高のおくりもの	茂市久美子作 27p ISBN978-4-7933-7053-3	190	代替わりして評判の落ちたレストラン「一杯堂」。コックの幸雄さんは、奇妙なお客を追いかけて「またたびトラベル」の事務所へ。案内されたレストランの、コックの正体は？　クリスマスの夜の、不思議なファンタジー。	小高
A54	きいちゃん	山元加津子著 19p ISBN978-4-7933-7054-0	180	幼少期の高熱で手足が不自由になったきいちゃん。お姉さんの結婚祝いに一針一針ゆかたを縫って……。	小高
A55	ばかじゃん！	魚住直子著 27p ISBN978-4-7933-7055-7	190	転校先で友だちになったきのちゃんが、自分にだけ「ばかじゃん」と言うことに気づいた恵理菜は……。	小高
A56	夜にくちぶえふいたなら	たかどのほうこ作 25p ISBN978-4-7933-7056-4	200	明日は遠足。ミツオとノンコは、わくわくしてなかなか眠れない。ミツオがふざけて、「ピーブー」とくちぶえをふくと……、やってきたのは大きなふろしきづつみをかついだネコ！　三河屋を家出してきた顛末を語るが、なんだかあやしい。朝、目をさましたミツオとノンコは、ネコの正体に気づく！	小中
A57	タケシくんよろしく	丘修三作 39p ISBN978-4-7933-7057-1	260	弟の道夫は障害があり、いつも学校で騒ぎを起こす。シズカはそれが嫌で、ひとりで苦しみ、学校に行けなくなってしまう。そんなとき、ふだんはヤバンジンと言われているタケシくんが、道夫のめんどうを見ている姿を目にする。友だちに、弟のことを「気にしすぎ」と言われ、シズカは気持ちを軽くしていく。	小高

●【参考資料】集団読書テキスト〈中・高校生向け〉

※グレードは対象学年の目安です　　　　　　　　　全国学校図書館協議会

No.	書名	説明	本体価格	内容	グレード
B 1	走れメロス　改版	太宰治著 32p ISBN978-4-7933-8055-6	175	友の信頼にこたえるか、自分の命が大切か。主人公メロスの心理描写を通して人間の心の葛藤を描いた作品。	中1 〜 高1
B 2	高瀬舟　改版	森鷗外著 23p ISBN978-4-7933-8056-3	175	弟殺しの罪で遠島となった喜助が高瀬舟の中で語った形をとり、安楽死についての作者の疑問を描く代表的短編。	中3 〜 高1
B 3	伊豆の踊子　改版	川端康成著 50p ISBN978-4-7933-8057-0	194	旧制高校生の主人公が旅芸人の一踊子に寄せるほのかな恋愛感情を伊豆の美しい自然を背景に描いた作品。	中3 〜 高1
B 5	鼻　改版	芥川龍之介著 20p ISBN978-4-7933-8059-4	165	今昔物語に材料をとり近代的解釈をこころみた作品。主人公内供の心理描写を通して人間のもつ善悪を探求する。	中1 〜 高1
B 6	最後の一葉　改版	O.ヘンリー著　大久保康雄訳 20p ISBN978-4-7933-8060-0	165	「最後の一枚が落ちる時私も死ぬの。」叩きつける風雨に誰もが散ってしまったと思ったつたの葉一葉。	中3 〜 高1
B 8	赤毛連盟　改版	A.C.ドイル著　鈴木幸夫訳 51p ISBN978-4-7933-8062-4	194	「赤毛連盟」とは何か？その陰にひそむ犯罪計画とは？名探偵ホームズのあざやかな推理を描く。	中1 〜 中2
B 9	野菊の墓　改版	伊藤左千夫著 78p ISBN4-7933-8063-8	220	因習的な時代を背景に多感な青春期のひたむきな恋の美しさと悲しさを、抒情的につづった感動的悲恋物語。	中3 〜 高1
B19	パニック　改版	開高健著 63p ISBN978-4-7933-8068-6	214	異常発生したネズミの大群が押し寄せてくる。人々は恐慌状態になり、対策も官僚機構に阻止されてできない。	高2 〜 高3
B21	凧になったお母さん　改版	野坂昭如著 18p ISBN978-4-7933-8069-3	165	焼夷弾で町が燃えあがる中、凧が舞上るように体がカラカラになってわが子を守る母親の物語。	中3 〜 高1
B22	オオサンショウウオ　改版	畑正憲著 27p ISBN978-4-7933-8070-9	175	動物を自然の中で生かすことの大切さを特別天然記念物オオサンショウウオの生態を通して描く。動物をあたたかい眼ざしで見つめ、『ムツゴロウ』ものといわれるすぐれた作品を書き続ける著者の珠玉の1編である。	中3 〜 高1
B24	りゅうりぇんれんの物語　改版	茨木のり子著 48p ISBN978-4-7933-8072-3	194	日本軍に強制連行された中国人劉連仁の逃亡生活を通して、戦争の残忍さを熾烈に描く叙事詩。	中3 〜 高1
B26	詩集もうひとりの私に　改版	濱口國男ほか著 47p ISBN4-7933-8074-3	194	濱口國男「便所掃除」、宮沢賢治「何といわれても」、真壁仁「峠」、山之口獏「満員電車」など、17編。	中3 〜 高1

B27	詩集友よ	吉原幸子ほか著 47p ISBN4-7933-8027-1	194	吉原幸子「憧れ」、阪田寛夫「葉月」、中原中也「正午」、原民喜「燃エガラ」、谷川俊太郎「若者たちの悲歌」など１７編。	高2 〜 高3
B29	高安犬物語 改版	戸川幸夫著 64p ISBN978-4-7933-8076-1	214	山形県東置賜郡高畠町高安を中心に繁殖した中型の日本犬として純血を保っていた最後の犬、チンの物語。	中1 〜 中2
B32	通りすぎた奴 改版（在庫僅少）	眉村卓著 40p ISBN4-7933-8077-8	194	近未来都市の高度管理化社会を舞台に、ひとりの青年の自由な目的行動旅が繰り広げる現代ＳＦ。	中3 〜 高1
B34	夏の花　改版	原民喜著 27p ISBN978-4-7933-8079-2	184	ヒロシマの体験は民族の体験である。１９４５年被爆した著者はその後書き残すために生き、そして燃えつきた。	中3 〜 高1
B35	少年　改版 （在庫僅少）	北杜夫著 61p ISBN4-7933-8080-8	214	誰でもが通る少年期。生への尊厳、青春への慈しみをもって、葛藤を繰りかえす青春を鮮やかに解明する。	中3 〜 高1
B37	目　改版 （在庫僅少）	灰谷健次郎著 23p ISBN978-4-7933-8082-2	165	インドネシアの廃墟で出会った少年の話。プラスチックのおもちゃのカメラを構えた少年が口でカシャッという。著者もフィルム抜きのカメラでカシャッ。カシャッ、カシャッと遊ぶなかで、美しい少年の目を狙って著者はフィルム抜きのカメラを構えるのだった。	中1 〜 中2
B41	現在を観る目 改版	中野孝次著 19p ISBN4-7933-8086-7	165	インドでの旅を端に戦争を再び考えたエッセイ。戦争体験に意味があるとしたら、ただ悲惨な目にあったということではない。極限状況の中で、自由を国家を愛を考えぬいたことでないのかと著者は考えるのである。	中3 〜 高1
B44	人生への旅立ち 改版	古谷綱武著 66p ISBN4-7933-8089-1	214	家族と離れて宇和島でひとり中学生活を送ることになった著者が、高校中退するまでを追憶しながら、人生への旅を語る随筆。５０歳をすぎて日本の古代史を学びたいと家庭教師を探そうとする話には胸をうたれる。	中3 〜 高1
B45	首飾り　改版	G. モーパッサン著 新庄嘉章訳 24p ISBN978-4-7933-8090-7	165	友人から借りたダイヤの首飾りをなくしたばかりに、夫婦の生活は一変する。１０年間の極貧に耐え、多額の借金を返済し終えたマチルドが耳にしたのは、借りたダイヤがまがいものだったという事実であった。	中1 〜 高1
B46	黒猫　改版	E. A. ポー著　佐々木直次郎訳 23p ISBN978-4-7933-8091-4	165	酒癖という悪鬼のために、男は愛猫プルートォを殺した。そっくりな黒猫の出現により理性を失い、妻をも殺してしまう。死体を塗りこめた壁の中から聞こえる黒猫の声は、読者の恐怖と戦慄に引きずり込む。	中3 〜 高1

B47	藤野先生　改版	魯迅著　松枝茂夫訳 19p ISBN978-4-7933-8092-1	165	日本留学中、民族の違いを超えて熱心に指導してくれた藤野先生。医学を捨て、文学による救国を志す魯迅だが、その忘れ得ぬ師の写真を見るたび、良心はふるい立ち、勇気を与えられつづけるのであった。	中3 〜 高3
B48	愛すること 改版	樋口恵子著 27p ISBN4-7933-8093-X	175	「愛する」とは、自立した人間にはじめて可能な感情である。結婚とは決して二人三脚であってほしくない。女性の自立、そして男性の本当のやさしさとは何か。これらについて、著者独特の女性の明確な語り口で中・高生に心をこめて語りかける。	中3 〜 高1
B49	カナダ・エスキモー	本多勝一著 47p ISBN4-7933-8049-2	194	極北の厳しい大自然の中で生きぬくカナダ・エスキモー。トナカイやセイウチの生肉の食事、犬ゾリでの狩猟、暖かい衣服や住居。1か月間彼らと起居を共にした著者が、その生活の知恵や心情を伝えるルポルタージュ。	高2 〜 高3
B50	喝采は「アイ・ラヴ・ユー」　改版	黒柳徹子著 24p ISBN978-4-7933-8095-2	165	国際ろう者演劇フェスティバルで、手話による狂言を演じた日本のろう者たち。その演技に贈られた喝采は、観客全員による手話のアイ・ラヴ・ユーであった。手話の持つ豊かさと、障害者への理解を呼びかける。	中3 〜 高1
B101	公害と私たちの生きかた （在庫僅少）	田尻宗昭著 49p ISBN4-7933-8101-4	194	伊勢湾への不法投棄摘発のドキュメントを、加害者と被害者の接点に立って語る。また、公害問題を通じ、誠実な生きかたとは何かを問いかけている。都立高校で行われた、講演の記録である。	中3 〜 高1
B103	芋粥	芥川龍之介著 37p ISBN978-4-7933-8103-4	184	「芋粥を飽きるほど食べたい」という五位のささやかな欲望は、藤原利仁によって、大釜いっぱいの粥をふるまわれた瞬間に霧散する。「今昔物語」を素材に、たくみな心理描写で五位の人間像を浮き彫りにする。	中3 〜 高3
B104	オツベルと象	宮沢賢治著 21p ISBN978-4-7933-8104-1	165	お人よしの白象が、狡かつな主人オツベルに酷使され、日ごとにやつれていく。助けを求める手紙を読んで、仲間の象が小屋を襲撃、オツベルは5匹の象の下敷きに。リズム感のある文体で、物語の楽しさを味わわせる。	中1 〜 中2
B105	トカトントン	太宰治著 29p ISBN978-4-7933-8105-8	175	物事に感激し、奮い立とうとすると、どこからともなく「トカトントン」と金づちの音。青年は一瞬にして虚無感につつまれ、いっさいの気力が失せてしまう。終戦とともに訪れた青年の苦悩を、象徴的に描く。	中1 〜 中2

B106	オモニの歌	岩井好子著 61p ISBN978-4-7933-8106-5	214	オモニとはお母さんという意味。韓国・朝鮮人オモニの玄時玉（ヒョン・シオク）さんは夜間中学校に入り、48才で初めて文学を学んだ。その喜びの深さは、差別の中を生きてきたオモニの苦難の歴史を物語るものである。	中3 〜 高1
B107	ガク物語	椎名誠著 45p ISBN978-4-7933-8107-2	194	椎名親子と野田知佑、双子の兄弟トッタン、ミッタン、そしてカヌー犬ガク。男5人と犬1ぴきが夏の終わりに十勝川をカヌーで下った。川下りの旅で父親椎名誠が息子岳の成長をあたたかい目で見つめ描いた私小説。	中1 〜 中2
B108	見つめられる日本	吉田ルイ子著 41p ISBN978-4-7933-8108-9	194	ハーレムの子どもたち、南アのアパルトヘイト。カメラのレンズを通して数々の差別を見てきたフォトジャーナリスト吉田ルイ子が、日本は国際社会の一員として差別にどう立ち向かうべきかをするどく問いかける。	中3 〜 高1
B110	スローカーブを、もう一球	山際淳司著 45p ISBN978-4-7933-8110-2	194	特別注目されていたわけではない、平凡なチームのはずの高崎高野球部がなぜか甲子園への切符を手に入れてしまった。熱血高校野球とはひと味違うマイペースな戦いぶりを描いたノンフィクション。	中3 〜 高1
B111	瀕死の琵琶湖	立松和平著 17p ISBN978-4-7933-8111-9	165	大量に流れ込む生活排水が琵琶湖を汚染している。小さな魚を食いつくすブラックバスももとは人間の身勝手で放流されたものである。その目で見、そして感じた琵琶湖の現状を行動派作家が独持の語り口で語る	中3 〜 高1
B112	沈黙	村上春樹著 35p ISBN978-4-7933-8112-6	184	大沢は青木を殴ってしまった。最低の男ではあったが殴るべきではなかったと大沢は後悔した。数年が過ぎたが、青木はそのときの屈辱を忘れなかった。青木のわなにはめられた大沢はクラスから孤立し、追いつめられていく。	高2 〜 高3
B113	黄色い目の魚	佐藤多佳子著 37p ISBN978-4-7933-8113-3	184	「中学に入ってから、ホントにムカついてばっかし。」ーみのりの心をわかってくれるのは叔父の通ちゃんだけだとみのりは思う。揺れうごく多感な時期の少女の姿を、若い作者が鮮やかに描く。	中1 〜 中2
B114	彼女のアリア	森絵都著 55p ISBN978-4-7933-8114-0	200	不眠症に悩むぼくは、授業をさぼって旧校舎に行くと、ピアノを弾いている藤谷りえ子と出会った。バッハの「ゴルトベルグ変奏曲」にのって、二人の淡い思いがゆれていく。	中3 〜 高1

B115	勝とうとするから意味がある	阿部夏丸著 36p ISBN978-4-7933-8115-7	181	きびしい監督のもと、子ども会のソフトボールの練習に打ち込む息子・ナオ。試合で失敗しどなられ、悔し涙を流すナオの姿に、両親は今まで知らなかった息子の気持ちを知る。	中3〜高1
B116	千代に八千代に	重松清著 31p ISBN978-4-7933-8116-4	180	気の強いひいばあちゃんに、叱られてばかりの八千代さん。二人はほんとに友だちなの？　親友と絶交し新しい友だちグループにも違和感を感じるスミは、二人の関係が気になってしょうがない。友情の不思議を軽快に描く。	中3〜高1
B117	さがしもの	角田光代著 27p ISBN978-4-7933-8117-1	180	死にゆく祖母から頼まれたさがしものは、一冊の本。どの本屋でも見つけられないまま時はすぎ、なおも探しつづける「私」のもとへ、祖母の幽霊が現れた……。本が結ぶ人の心、人生の不思議なめぐりあわせを優しく描く。	高2〜高3
B118	夕日へ続く道	石田衣良著 37p ISBN978-4-7933-8118-8	190	学校へは行きたくない、かといってひきこもりにもなりたくない。毎日公園に通う雄吾は、廃品回収の源ジイと知り合う。「ノミ屋」という裏稼業を営んできた源ジイが教えてくれた、人生の必勝法とは……。	中3〜高1
B119	ムーンライト・シャドウ	吉本ばなな著 55p ISBN978-4-7933-8119-5	210	恋人を交通事故で失い、つらく苦しい毎日を過ごすさつきの前に、不思議な女性うららが現れる。愛する人との出会いと別れを越え、喪失を抱えて生きていくことを決意するまでの日々を繊細に描いた物語。	中3〜高3
B120	オーロラを求めて	星野道夫著 39p ISBN978-4-7933-8120-1	200	著者は、まだだれも撮ったことのないオーロラ撮影のために、厳冬期のアラスカ山脈に入る。厳しい自然と対峙しながら、たった1人で何週間もチャスを待ち続け、成功のときを迎えるまでを、清廉で温かな筆致で記す。	中1〜高1
B121	魔法のプラハ	俵万智著 27p ISBN978-4-7933-8121-8	180	一冊の本に導かれ、歌人が訪れた古都プラハ。夢のような街並みと、そこに隠された悲しい戦争の記憶、街に息づく人々の誇りが著者の心を揺さぶる。みずみずしい文章と短歌で綴った紀行エッセイ。	高2〜高3
B122	ガイド	小川洋子著 45p ISBN978-4-7933-8122-5	220	観光ガイドの母が率いるツアーに参加した少年と、不思議な職業をもつ老人との忘れられない一日を描く。	中1〜高1
B123	ベラルーシの透明な夏	佐藤しのぶ著 27p ISBN978-4-7933-8123-2	190	世界的オペラ歌手がチェルノブイリを訪れ、被爆した子どもたちを歌声で包み、触れ合う感動のエッセイ。	中3〜高3

B124	チヨ子	宮部みゆき著 31p ISBN978-4-7933-8124-9	200	くたびれたウサギの着ぐるみを着ると人が玩具(おもちゃ)に?！人間に見えた母子の背中には不気味な黒いものが。	中1 〜 高1
B125	マジック・アワー	関口尚著 35p ISBN978-4-7933-8125-6	210	僕は2年続けてマラソン大会の1位を黒崎に奪われている。しかも、黒崎の彼女は僕がふられた筒見だ。	高2 〜 高3
B126	狐フェスティバル	瀬尾まいこ著 49p ISBN978-4-7933-8126-3	260	中学3年生の僕は、五穀豊穣を祈って子どもたちが家々を回って踊る伝統行事、「狐がえり」を成功させようと必死だ。少子化の進む田舎で「狐がえり」を成功させるには、東京からの転校生、三崎花子の参加は欠かせない。僕は、三崎を誘い続けるのだが……。	中1 〜 高1
B127	練習球	あさのあつこ著 55p ISBN978-4-7933-8127-0	260	夏の甲子園。地区予選準決勝。九回の裏、ツーアウト。4点差。しかし、まだ終わってはいない……。エースで4番だった真郷の挫折と、その友、律への嫉妬。イジメのため闘争心を失ったピッチャー律の自負と真郷への感謝。二人の少年の、野球とのかかわり、友に対する思いを描く。	中3 〜 高3
B128	夏の階段	梨屋アリエ著 47p ISBN978-4-7933-8128-7	240	早く進学して大人になりたい。人を遠ざけ勉強に専念する「おれ」は、空き地に置かれた階段を見つける。何気なくのぼった先から見かけた窓辺の女性に一目ぼれしたせいで、その家の手伝いをすることに。家庭環境、友人関係...思うようにならない現実をちょっとだけ乗り越えた夏の物語。	中3 〜 高1
B129	卒業旅行	角田光代著 38p ISBN978-4-7933-8129-4	220	短大の卒業旅行にネパールを訪れた私。いきいきと外国を楽しむ友人をよそに、慣れない土地も人も怖くてホテルに引きこもる自分が嫌になっていたある日、バックパッカーの男性と知り合って...。見知らぬ世界へ飛び込む不安と、それを乗り越える心の成長をみずみずしく描く。	高2 〜 高3

第6章 対話的な読書活動を デザインする

この章のポイント

・読み聞かせや書評合戦（いわゆる「ビブリオバトル」）を「対話的な 読書活動」として捉えることにより、本を介した双方向のコミュニ ケーションを成立させることができます。
・読み聞かせや書評合戦では、子どもの問いや気づきを促し、感想を 深めていくことが大切です。

1 読み聞かせで子どもの気づきを促す

（1）読み聞かせの意義

①読み聞かせの広がり

　読み聞かせは学校における代表的な読書活動です。低学年の子どもだ けではなく、読書を奨励する一環として読み聞かせを行っている中学校 もあります。また、中学生や高校生が、幼稚園や保育所などに出向いて、 ボランティア活動の一環として読み聞かせをしている実践も見られます。

　日本の読み聞かせは、絵本の場合、読み手が座って、机と椅子を教室 の後ろにずらして、子どもたちを前に座らせたうえで、本を開いて読み 聞かせを行う方法が多く見られます。外国では、読み手の周りを囲むよ うに子どもたちを座らせて読み聞かせを行う方法も見られます。１クラ スの人数が多い日本では、読み聞かせを教室で行うことがほとんどです ので、このような劇場型の読み聞かせで行われます。視力の低い子ども

は絵本の絵が見えないこともありますので、前の方に座らせるなど、配慮が必要です。

②読み聞かせの効果と意義

　子どもたちは、何度も読み聞かせをしてもらった本であっても、読み聞かせを楽しみにしています。

　例えば、かこさとし氏の『からすのパンやさん』は、低学年のときに何度も読み聞かせをしてもらったとしても、高学年の子どもが読み聞かせに夢中になります。

　本は過去の記憶を呼び起こします。既読の作品であっても、はじめて作品に出会うときのように、気持ちが動くのです。

　読み聞かせに限らず、読書には、再読の意義があります。最初に読んだ時に気づかなかったことに気づくこともあります。

　同じ作品を再読することに、人は読書の喜びを見出します。読み聞かせには、再読に見られるように、読書という言語行為の本質的なものが潜んでいるのではないでしょうか。

（2）読み聞かせで子どもの気づきを促す

　子どもたちにどのような語りかけをしながら読み聞かせを行なっているでしょうか。なにも言葉を挟まずに、本文のテクストを読んでいく読み聞かせが一般的です。

　その一方で、絵本の場合、子どもたちに問いを投げかけ、子どもたちの反応を受けとめながら進めていく「双方向」の読み聞かせもあります。

　例えば、筆者は小学４年を対象に、『ぼくがラーメンたべてるとき』（長谷川義史・作）を読み聞かせしたことがあります。

　この作品の冒頭では、「ぼく」は昼下がりの家でラーメンを食べています。その横では、飼い猫のミケがあくびをしています。次のページからは、外国のどこかの国の子どもの様子が描かれていきますが、「ぼく」がラーメンを食べているのんびりとした様子とは対照的に、大きく違って

長谷川義史『ぼくがラーメンたべてる
とき』（教育画劇）

いるのです。

　筆者はページごとに問いかけをしながら読み聞かせを進めていきました。例えば、水汲みの子どもが描かれているページでは、「これはどこの国かな?」「どうして水を持っているのかな?」などの気づきを促すための問いかけをしながら、子どもたちの答えを受けとめて読み聞かせを進めていきました。子どもには、絵の様子から、場面が外国であるらしいということはすぐにはわかりません。子どもの反応がない時には、「外国らしいよ」などの言葉を挟みつつ、理解を促していきました。

　読み聞かせをしたあと、もう一度、最初からページをめくりながら、特に問いかけに対する子どもの反応がなかったページを中心に改めて確認していきました。この絵本はとても深い内容で、子どもにはけっして平易なものではありません。この作品は、2007（平成19）年に、第13回日本絵本賞を受賞しました。名作といってよい作品です。

（3）「読み聞かせ」から「読み語り」へ

①幅広い年齢を対象にできる「読み語り」

　読み聞かせというと、つい絵本を思い浮かべがちですが、絵本だけが読み聞かせの対象ではありません。

　「読み聞かせ」というと、「聞かせる」という使役の言葉を含みますので、読み手と受け手の間に上下関係のニュアンスを含みます。聞き手の主体的な言語行為ではありません。

　また、読み聞かせは、幼稚園や保育所、小学校の低学年や中学年を想定することが多いように思われます。読み聞かせのイメージがこのようなものですから、小学校の高学年、中学・高校生には名称として、あま

りふさわしいものではないように思われています。

　むしろ、幅広い年齢層に読書の楽しさを伝えるためには、「読み聞かせ」ではなく、「読み語り」という名称に変更していくことも必要です。

　「読み語り」では、声調を工夫して、作品に応じて、さまざまな伝え方を工夫します。朗読の一つです。

　また、テクストも多様なものを「読み語り」の対象にできます。物語や小説、詩や短歌、俳句といった韻文も「読み語り」の対象にできます。

　小学校の高学年、中学校や高校でも、国語教科書で学んだ教材に関連した作品の「読み語り」により、本の世界を広げていくことができます。

②「読み語り」の実践は柔軟に

　小学６年の有名な国語教材に重松清氏の『カレーライス』という物語があります。重松氏の作品には、少年少女を主人公にした短編小説も多くありますので、併せて読み語りをすることができます。例えば、『さかあがりの神様』がその一つです。

　ちなみに、高校の国語教科書には、『卒業ホームラン』という名作も掲載されています。少年を主人公にした小説です。

　国語の授業で学んだ教材に関連した作品を単元に並行して読む読書活動（いわゆる「並行読書」）では、読み語りを導入にしてもよいでしょう。そして、学校図書館担当者と相談しながらの選書が必要です。選書にあたっては、学年配当漢字や難易度などの観点で配慮が必要です。読み語りであれば、読書指導の一環として、並行読書へと無理なく導入できます。

重松清『日曜日の夕刊』（新潮文庫）
『さかあがりの神様』『卒業ホームラン』など12編の短編小説を収める。

2 書評合戦を楽しむ

（1）書評合戦を言語活動の一環として行う

　ビブリオバトルは、立命館大学理工学部教授の谷口忠大氏（開発当初は准教授）が、本を読まない学生に読書に親しんでもらうために考案しました。口頭で本を紹介しますが、「どの本が一番読みたくなったか」を参加者の投票で決めます。ゲーム性があります。

【公式ルール】※ビブリオバトル普及委員会による

　1　発表参加者が読んで面白いと思った本を持って集まる。

　2　順番に一人５分間で本を紹介する。

　3　それぞれの発表の後に参加者全員でその発表に関するディスカッションを２〜３分行う。

　4　全ての発表が終了した後に「どの本が一番読みたくなったか？」を基準とした投票を参加者全員一票で行い、最多票を集めたものを『チャンプ本』とする。

　ビブリオバトルは、書店がイベントとして主催し、一般の社会人も多く参加し、徐々に認知されるようになってきました。

　活字文化推進会議主催（主管：読売新聞社、協力：河合塾、後援：文部科学省）による高校生の全国大会も開催されるようになりました。大学生ばかりではなく、読書に親しむための一つの方法として、高校のほか、小・中学校でも実践されるようになりました。しかし、「バトル」という言葉を嫌う人もいます。また、ビブリオバトル自体が商標登録されていますが、ルール通りに実施するのであれば、許可は必要ありません。

　一方で、推進団体の権利を侵害しないように、「書評合戦」という名称でルールを柔軟にした実践も多くみられるようになっています。

　学校教育で行う場合、つい活動ばかりに目が行き、書評合戦を何のた

【「やってみよう☆ビブリオバトル」楽しいイラストで、ビブリオバトルのルールが一目でわかります】　※東京都立図書館ウェブサイトより転載

東京都立図書館「学校支援サービス・やってみよう書評合戦（ビブリオバトル）」
https://www.library.metro.tokyo.jp/support_school/research/for_reading/bibliobattle/〔最終検索日：2020年5月29日〕

めにやっているのか、目標を見失ってしまう場合があります。書評合戦は、一方的な本の紹介ではなく、双方向のコミュニケーション活動です。これをきちんと言語活動の一環として位置付けて行うことが大切です。

（2）書評合戦の指導を工夫する

①学習目標と評価の観点を設定する

　この書評合戦を国語科や総合的な学習の時間に実践する場合は、どのような資質・能力を育てようとするのかを意識して取り組むことが大切です。では、学習者である子どもにとっての学習目標はどのようなものを設定すればよいのでしょうか。子どもには受け手と聞き手を分けず、次のような学習目標を示します。

本の紹介（書評合戦、ビブリオバトル）を通して、本の良いところや面白いところを見つけ、これからの読書にいかそう（これからの読書生活の参考にしよう）。

　そして、話し手と聞き手に分けて、次のような評価の観点を設けます。

【書評合戦における評価の観点】

〈話し手に対して〉

・読んだ本の良いところや面白いところを見つけ、聞き手に伝えようとしている。

・理由（根拠）を明らかにしながら、最も伝えたいことを考えながら説明している。

・聞き手を意識し、わかりやすい言葉で伝えている。

〈聞き手に対して〉

・話し手の話から、本の良いところや面白いところを見つけようとしている。

・話し手が最も伝えたいことは何かに注意を向け、話の中心を考えながら聞いている。

・本の紹介を聞き、自分の読書の参考にしようとしている。

　話し手は準備が必要になります。本を読んだ後、口頭で紹介するためには、書いて言語化する、つまり自分の言葉で「見える化」する必要があります。次のような内容で、メモ、または、紹介文をつくります。子どもの実態に応じて、メモがいいのか、紹介文にするのがいいかを選びます。

【書評合戦の準備】

１．作品名と作者名・筆者名

```
２．本を選んだ理由
３．どんな内容か
４．面白かったところ
５．みんなに勧めたい理由
```

②良い聞き手になることを意識づける

　５分間という時間はけっこう長いものです。また、クラス全員の前で話すのは緊張するものです。子どもの発達段階に応じて、ペアやグループでまず練習してみる、時間を短くして実施してみる、などの工夫が必要です。

　今の子どもたちは、話すことには長けていますが、人の話を聞くのは苦手です。聞くより前に自己主張する子どももいます。書評合戦では、人の話を聞くことに注意を向けさせるようにします。友だちが本を紹介している間に質問をしたり意見を言ったりしないように、予めルールやマナーを指導します。

　また、書評合戦では、本を流暢に紹介するのが目的ではありません。むしろ、聞く方がしっかりと聞く構えを持ってのぞみ、友だちの紹介を参考にして、より多くの本の魅力を知ることが大切です。

　書評合戦を読書活動の一つの手段として活用するためには、このようなていねいな指導が必要です。

③質問の指導

　本の紹介が終わった後に、質疑応答の時間を設けます。

　しかし、ただ何となく子どもに質問を出させるのではなく、もう少し工夫した質問の仕方を身につけさせるようにします。

　書評合戦の質疑応答は、話し手と聞き手による双方向のコミュニケーション活動です。話し手の一方的なコミュニケーション活動ではありません。書評合戦では、つい話し手の指導に注力しがちです。

双方向のコミュニケーションを成立させるためは、話し手に対して、ひと言を前言として添えて、話し手の話をまずは受けとめるということが必要です。これは、ある意味での鸚鵡返しです。しかし、鸚鵡返しとはいっても、話し手の言葉

小学3年・4年生合同の書評合戦決勝戦では、本の紹介後、子どもから質問が出ていた
（岐阜県白川町立白川小学校、2017年撮影）

を聞き手がそのまま繰り返すということではありません。

【質問にひと言を添える工夫】

・感想を述べてから質問する。
「私は……さんがこの本について詳しく説明してくれたので、どういうお話か、よくわかりました。それでは、質問します……」
・知りたくなったことを述べてから質問する。
「私は……についてもっと知りたくなりました。このことについて質問します……」
・自分の考えを述べてから質問する。
「私は……さんの話を聞いて、〜について……と思い（考え）ました。このことについて質問します……」

ひと言があるかないかでは、話し手の受けとめ方は違ってきます。

同時に、聞き手がひと言を添えて質問するためには、話し手の話に集中して耳を傾けなければなりませんし、聞き手は、話の中心が何かを考えながら聞く必要が出てきます。

書評合戦を意味のある言語活動にするためには、聞き手の言語能力を高めることが大切です。例えば、本の紹介を聞いた後、短時間でいいの

で、どういう質問をするか、聞き手同士でペアを組んで話し合う時間を設けるのも工夫の一つです。

　質問というのは、難しいものです。質問のレベルで聞き手の能力がはっきりしてしまうからです。聞く力を高め、質問として言葉を整理し、表現できるようにすることは、一朝一夕にはいきません。授業や学級活動などの中でも、このことを意識して、繰り返しねばり強く指導していくことが大切です。

④終わったあとで

　書評合戦を終えると、投票や挙手で最も読んでみたい本を選びますが、それで終わりにしてしまうのではなく、子ども自身に振り返りをさせましょう。

　聞き手としてどうだったのかについて、自己評価させます。例えば、前述した「学習目標」を用いて、自己評価の項目をつくります。

【書評合戦の自己評価】

> ・話し手の話から、本の良いところや面白いところを見つけることができましたか。
> ・話し手は何を最も伝えようとしていたか、わかりましたか。
> ・本の紹介を聞き、自分の読書の参考にすることができましたか。

　自己評価は聞き手としての自分を振り返り、次の学習につなげていくためのものです。アンケート形式の場合、自由記述の欄を設けることも必要です。あるいは、「話し手に伝えたいこと」という欄を設けて、実際に書いてもらった内容を話し手にフィードバックすると、話し手の子どもにとっては、聞き手の反応がわかり、「やってよかった」という思いにつながります。

<table>
<tr><td>第**7**章</td><td>情報活用能力を養う
読書の学び</td></tr>
</table>

この章のポイント

・ネット社会の中では、読んだことを簡潔にまとめたり、調べるために読んだりする読書、情報活用能力を育成する読書が必要です。情報活用能力は、これからを生きるための大切な汎用的な能力の一つでもあります。

・情報活用能力を育成する読書では、物語や小説だけではなく、さまざまな分野の本を活用したり、新聞やインターネットも読書材として捉えたりし、情報の読み方を指導する必要があります。

・情報活用能力を育成する読書では、|情報の評価|→|情報の取捨選択|→|情報の加工・表現|→|情報の発信|という一連の学習プロセスを導入する学習を取り入れることが効果的です。

1 インターネットの情報に向き合う

（1）インターネット情報の特徴

　読書習慣を身につけるためには、楽しみのために読む娯楽的な読書が効果的です。しかし、それだけでは偏りがあります。現代社会はインターネットが当たり前のように子どもの生活に入り込んでいます。大人でも、まず図書館に出向いて本で調べるよりも、知りたいことがあれば、インターネットで調べることが多いはずです。

　若者はパソコンで調べるのではなく、手元にあるスマートフォンで調

べることがほとんどです。

　インターネットの情報には、次のような特徴があります。

・情報が断片的であり、情報の全体像や関連性が見えにくい。

・意図的に作られた偽情報（フェイク・ニュース）がある。

・情報の真偽が不確かなものがある。

・他のサイトからコピーしたものも多く、出典が不明なものも多い。

　インターネットの情報は、ハイパー・テキストと呼ばれ、点のようなものであり、断片的です。それぞれのテキストは相互に関連づけられています。点在する情報を複数閲覧して、情報の全体像を把握するリテラシーが必要です。

　リテラシーとは、もともと文字の読み書き能力を指すものでしたが、現代社会では、さまざまな領域での能力を指す言葉として多義的に用いられるようになりました。リーディング・リテラシー（いわゆる読解力）、科学リテラシー、情報リテラシー（これまでは情報機器の操作能力を指すことが多い言葉でした）、メディア・リテラシー（情報を読み解く力）など、さまざまなものがあります。

　これからは特にインターネットの情報を読み解くリテラシーが求められます。

（２）インターネット情報との向き合い方

　インターネットの情報との向き合い方には次のような特徴があります。

・インターネットでは自分の興味・関心に基づいた情報を選択する。

・異論となるような他の情報と比較することは少ない。

・自分の興味・関心のあるものは熟読したり精読したりするが、多くのウェブサイトは流し読みする（適当に読んで終わりにする）。

例えば、時事的なニュースの場合、新聞では紙面の中にいろいろなニュースが複数配置されていますので、新聞をめくりながら、自分が興味・関心のない記事も目に入ります。テレビやラジオの情報も同じです。

　インターネットでは、他の情報と比較しない限り、得られる情報が個人の好みに偏ることが避けられません。

　また、公的なウェブサイトよりも、個人が発信する「トレンド・ブログ」やSNSから情報をとることも増える傾向にあります。「トレンド・ブログ」では、アクセス数を確保するため、興味・関心を引くようにつくられています。当事者の名前を探って公開したり、住まいを特定したりするなど、人権を侵害するようなことも平気で行われています。

　子どもはこのようなインターネットの情報にでさえも、気軽にスマートフォンでアクセスできてしまうのです。

　これから求められるリテラシーは、次のようなものです。

・複数の情報を比較し、情報の真偽を見出すリテラシー。
・複数の情報を比較し、情報の全体像を把握するリテラシー。
・複数の情報を比較し、情報相互の関連性を見出すリテラシー。

　このようなリテラシーは、読書材や方法を工夫することにより、養うことができます。

2 ネット時代の読書方法

(1) ネット社会に必要なリテラシー

　デジタル・ネイティブである子どもたちは、あらゆる情報がインターネットに出ていると思い込んでいます。

　情報を鵜呑みにせず、読み解く能力のことをメディア・リテラシーといいます。ネット社会では、ますますメディア・リテラシーの育成が大切です。

　このようなネット社会に必要なメディア・リテラシーを今日の状況に
照らし合わせて考えると、次のように分けて考えることができます。

・メディアの利点と短所を理解して活用する。

・目的に応じてメディアを選択して活用する。

・情報の鮮度や真偽を見分けて活用する。

・情報は受けとめる人によって捉え方が変わることを理解する。

・メディアの利点と短所を理解する

　インターネット、テレビ、ラジオ、新聞、図書といったメディア（媒
体）には、それぞれの利点と短所があります。

　デジタル・ネイティブの子どもたちには、ラジオと新聞は、接する機
会を特別に設けない限り、出会うことは稀になってしまうでしょう。

　ラジオや新聞は、子どもには遠いメディアです。ラジオは災害時に能
力を発揮するメディアであるということも理解させる必要があります。

・目的に応じてメディアを選択して活用する

　最新の情報を知りたい時にはインターネット、確かな情報を知りたい
ときや詳しく知りたいときには本の情報、社会事象について詳しく知り
たいときは新聞というように、目的に応じてメディアを使い分けること
が必要です。

　例えば、ウィキペディアは、英語版は正確だといわれていますが、日
本版のウィキペディアは不確かな情報も含んでいるといわれています。
ウィキペディアを否定するのではなく、百科事典などの本の情報にもあ
たってみる、複数の情報と比べるという方法を身につけさせることが大
切です。

・情報の鮮度や真偽を見分けて活用する

　情報には新しいものと古いものがあります。目的によって、どの鮮度

の情報を使うかは異なります。

インターネットには、フェイク・ニュース（偽情報）があります。巧妙に作られているため、見極めるのはとても難しいことですが、情報の真偽を考えながら取捨選択する習慣を身につけることが大切です。

また、情報の真偽を見分けたり、より適切な情報を見極めたりするためには、一つの情報のみに頼るのではなく、複数の情報を比較する必要があります。

熊本地震の際、Twitterで意図的に拡散されたフェイク（偽）情報の写真

・情報は受けとめる人によって捉え方が変わることを理解する

特にSNSの情報発信では、受け手の感じ方を想像することが大切です。インターネットでは、気軽に発した情報が簡単に人を傷つけてしまう場合があるからです。これは情報モラルに関わる問題ですので、道徳、技術・家庭などの単元で真正面から取り上げる必要があります。

（2）読書で育てる情報活用能力

①物語や小説を読み広げる

ネット時代の読書は、ゆっくり、じっくりと1冊の本を読む「スローリーディング」が大切です。国語科の授業で物語や小説を読み、並行して同じ作者の作品や関連する作品を読む（いわゆる「並行読書」という

読書方法があります。例えば、次のような単元が考えられます。

○**国語教科書の教材と同じ作家の作品や関連する作品で読み深める**

　授業で『ごんぎつね』を学び、新美南吉の他の作品を読んだり、動物が登場する作品を読んだりします。

　この読書方法では、教科書で精読した作品と自分が新たに読む作品を読み比べることにより、違いや共通点を考えたり、ものの見方や考え方を深めたりすることが可能になります。

○**国語教科書の教材に関連したテーマを読み広げる**

　授業で『海の命』（立松和平・作）を読み、そこで、命をテーマにしたさまざまな分野の本を選び、子ども一人ひとりが選んで読むという方法です。

※『海の命』は、小学６年の有名な教材です。この作品では、主人公の太一が、もぐり漁師の父が対決して命を失う原因になったクエと対峙する様子を描いています。クエから亡き父の存在を感じ、命というものを感じる場面が描かれています。読み手に深い読みを求める力強い作品です。絵本版は『海のいのち』

　司書教諭や学校司書に依頼し、選書をしてもらいます。学習に並行して、子どもが読書タイムや家庭で読み進めていくことにより、『ごんぎつね』や『海の命』の読みも深まります。

　また、各自が読んだ本を紹介する場を設ければ、多面的・多角的に考えを広げたり深めたりすることができるようになります。

②多様な読書材に出会う場を設ける

　小説や物語だけではなく、子どもにはさまざまな分野の本と出会う機会を設けるようにしたいものです。

　理科や社会科、家庭科などの教科の学習で扱ったさまざまな社会事象・問題について、関連する読み物を読む機会を設けます。

また、最近の図鑑は、読者が楽しく知識を広げられるように工夫が凝らされています。調べるために図鑑を活用するだけではなく、図鑑を読み物として活用するというのも読書の一つの方法といえるでしょう。

　科学離れがいわれるようになって久しいのですが、科学読み物では、理科に限らず、数学や工学など、さまざまな分野のものが出版されていますので、子どもに紹介する場を設け、子どもの興味・関心を広げる機会にしたいものです。

　前述の『ごんぎつね』や『海の命』をテーマにした読書も、多様な読書材に出会う場になるのです。

（3）本の情報とインターネットの情報を比べる

　公的なウェブサイトを用いて、本の情報と比較して内容の違いや共通点を読み取る学習を導入することは、情報活用能力の育成につながります。メディアの特性に気づく機会にもなります。

　では、メディアの特性とは何でしょうか。例えば、インターネットは、最新の情報を調べることができるメディアです。一方、本や雑誌、新聞といった紙の情報には、全体を見渡せるという俯瞰性があります。ページをめくって、情報の全体像を把握することができます。

　情報活用はどれか一つに偏って用いるのではなく、バランスが大切です。

3 読書で情報発信力を高める

（1）思考力・判断力・表現力を身につける学習プロセス

　情報を活用する読書活動では、次のような学習プロセスを取り入れます。学習プロセスのさまざまなところで、思考・判断・表現が動員されます。

　　情報の評価 → 情報の取捨選択 → 情報の加工・表現 → 情報の発信

　情報の評価とは、情報が目的に合っているものなのか、あるいは、情報の真偽はどうなのかなどを考えることです。情報の評価をしたうえで、情報の取捨選択をします。

　その情報を用いて、情報の受け手のことを考えながら、文字、図表やグラフ、絵や写真、動画などを使って、アナログまたはデジタルで情報の加工・表現をします。情報の発信には、掲示や発表会、プレゼンテーションのソフトウェアを用いるなど、さまざまな方法があります。

（２）伝記を読んで、情報を１枚の紙に整理する

　国語の伝記教材を読む学習や社会科の歴史教材であれば、授業に並行して興味・関心のある人物の伝記を読む学習があります。

　伝記を読み、人物の生涯を紹介したり、人物の重要な出来事を取捨選択した年表を作成したりするなどの学習が考えられます。この学習は情報の「見える化」の一つです。１枚の紙に情報を取捨選択し、加工・表現するという学習になるのです（図１）。

　まとめたものは、グループ活動の中でお互いに伝え合う活動をしましょう。そして、教室や廊下、学校図書館に掲示しましょう。

（３）科学読み物を読んで、新たに知った知識を１枚の紙に整理する

　伝記と同じように１枚の紙にまとめます。科学的な内容の場合、インターネットで調べた最新情報を簡潔に載せる項目を設けます（図２）。

　デジタル社会ですので、新型コロナウイルスの感染拡大に伴うオンライン授業の必要性からも今後はICT活用としてタブレットが急速に教室に普及していくことが予想されます。

　紙はアナログな表現媒体です。しかし、電子媒体に頼り切るのではなく、１枚の紙にまとめるという学習を併用することが大切です。紙の利便性、俯瞰性を活かす方法なのです。

　もちろん、ノート・アプリと電子ペンを用いれば、紙と同じように１枚

【図1】　１枚の紙に情報をまとめる（伝記や歴史読み物の場合）

本を読んでわかったこと 他の本やウェブサイトを調べてわかったこと ※丸写しはしない ※情報の要約に努める	人物のイラスト	本の紹介(あらまし)
	人物の年表(経歴) <情報の取り出し>	

伝記を積極的に取り入れ、本の情報を取捨選択し、１枚の紙に整理する
（長崎県島原市立第五小学校の学校図書館、2016年撮影）

のシートに表現することはできます。ネットワーク機能を用いれば、子ども一人ひとりのシートを教員がリアルタイムで把握したり、子どももお互いに作成したシートを共有したりすることができます。

【図2】　1枚の紙に情報をまとめる（科学読み物などのフィクションの場合）

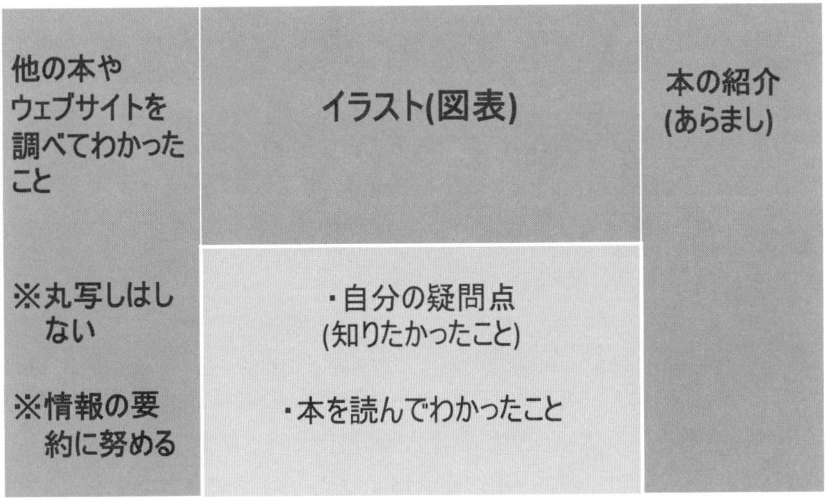

他の本や ウェブサイトを 調べてわかった こと	イラスト(図表)	本の紹介 (あらまし)
※丸写しはし 　ない ※情報の要 　約に努める	・自分の疑問点 (知りたかったこと) ・本を読んでわかったこと	

　紙の場合は、そのようなことはできません。しかし、紙を用いた学習では、手作り感が出やすくなるのではないでしょうか。掲示する場合にもそうです。

　紙を用いた学習は、子どもが紙の質感を実感しながら、デジタル活用との違いを考える場にもなるはずです。紙の活用は、古いようで新しい方法なのです。

第8章 メディアの違いを知り、探究的な読書活動に導く

この章のポイント

・学校図書館は、読書センターであるほかに、学習センター、情報センターの機能があります。これからは育てる資質・能力を明確に意識し、主体的・対話的で深い学びの実現に向け、学校図書館を学習センター、情報センターとして活用することが求められます。

・デジタル・ネイティブの子どもたちは、すぐにインターネットで調べがちです。探究的な学習でさまざまな情報資源を活用する前の段階として、実感をもって子どもたちがメディアの違いを理解する学習が必要です。

1 「主体的・対話的で深い学び」の実現のための学校図書館活用

　小学校・中学校学習指導要領総則編「1 主体的・対話的で深い学びの実現に向けた授業改善」には「各教科（高等学校では「科目等」）の指導に当たっては，次の事項に配慮するものとする。」として、次の内容が示されています。

【小学校（中学校）学習指導要領（平成29年告示）総則編】 ※高等学校は（6）

（7）学校図書館、地域の公共施設の利活用

　学校図書館を計画的に利用しその機能の活用を図り，児童（生徒）の主体的・対話的で深い学びの実現に向けた授業改善に生かすとともに，児童（生徒）の自主的，自発的な学習活動や読書活動を充実

すること。また，地域の図書館や博物館，美術館，劇場，音楽堂等の施設の活用を積極的に図り，資料を活用した情報の収集や鑑賞等の学習活動を充実すること。

「その機能」とは、読書センター、学習センター、情報センターのことです。「センター」というと、少し大袈裟な表現に思われますが、「読書活動、学習活動、情報活用に関する学校の中心的な役割を担う場所」ということです。

近年では、学校図書館をメディア・センター、学習メディアセンターなどの名称にしている学校も見られるようになってきました。この名称からは、学校図書館が単なる本を読む場所、読書の場所という考え方ではないことが見て取れます。

【学校図書館が有する読書センター、学習センター、情報センターの機能】
小学校（中学校）学習指導要領解説（平成29年告示）総則編

①児童（生徒）の想像力を培い，学習に対する興味・関心等を呼び起こし，豊かな心や人間性，教養，創造力等を育む自由な読書活動や読書指導の場である「読書センター」としての機能
②児童（生徒）の自主的・自発的かつ協働的な学習活動を支援したり，授業の内容を豊かにしてその理解を深めたりする「学習センター」としての機能
③児童（生徒）や教職員の情報ニーズに対応したり，児童（生徒）の情報の収集・選択・活用能力を育成したりする「情報センター」としての機能

2001（平成13）年に「子どもの読書活動の推進に関する法律」が施行されて以降、全国の自治体では首長らが中心となって、「子ども読書活動推進計画」を策定しました。この施策の効果もあり、小・中学校には読

み聞かせ、朝の読書などの読書活動が広がりました。学校図書館と連携した実践も多く見られました。

　学校司書に選書してもらい、国語の単元に関係した本を並行して読む、いわゆる並行読書が全国の小学校で実践されるようになりました。「読書センター」としての機能が認知されるようになったのです。

　しかし、読書センターの機能だけでは不十分です。学習指導要領の改訂に伴い、主体的・対話的で深い学び、資質・能力の育成、社会に開かれた教育課程、カリキュラム・マネジメントなどの実現が示されました。

　新しい学習指導要領では、実社会・実生活で生きて働く資質・能力という、生涯学習を見通した上での汎用性を重視した内容になっています。

　学習指導要領の総則では「言語能力，情報活用能力，問題発見・解決能力等の学習の基盤となる資質・能力や，現代的な諸課題に対応して求められる資質・能力」が示されています。

　これからは教科等の学習において、育成すべき資質・能力を明確にしながら、学校図書館を活用した学習を積極的に導入する必要があります。

　主体的・対話的で深い学びの実現のためには、単元によっては、教科書だけでは不十分な場合もあります。これからは、学習センター、情報センターとして学校図書館を活用していくことが大切です。

　学校図書館を活用した学びは、生涯学習の基盤をつくります。学校図書館の活用した授業デザインを工夫することにより、批判的思考力、創造的思考力、論理的思考力、分析力などの資質・能力も育成できると考えています。

2 さまざまな情報資源の違いを知る

（1）学校図書館は情報資源の宝庫

　メディア機器の発達とともに、学習センターと情報センターの機能は、分けて考えることはできなくなっています。学習内容に応じて、学校図書館が有するさまざまな情報資源を活用するからです。

　図書館の情報資源には，次のようなものがあります。

【学校図書館にある情報資源（学校図書館メディア）】

・図書資料　　　・雑誌　　　・新聞　　　・視聴覚資料
・電子資料（各種記録媒体に記録・保存された資料）
・ネットワーク情報資源（ネットワークを介して得られる情報コンテンツ）等

　近年の学校図書館では、所蔵資料の検索用のパソコンのほか、学校図書館内にインターネットにつながるパソコンを設置している状況が多く見られます。しかし、設置台数が限られています。コンピュータ室が学校図書館と離れていると、すぐにインターネットを使えず不便です。

　学校図書館にパソコンがあると、さまざまな情報資源とともにインターネットを使い、情報を総合的に収集したり、複数の情報を比較したりできるというメリットがあります。コンピュータ室には図書はありませんので、インターネットだけに頼るということになってしまいます。これではバランスを欠いてしまいます。

　今後は、政府の方針のもと、一人１台のタブレット所有が普及していきます。同時に、校内のWi-Fi環境を整備しなければなりません。そうなれば、学校図書館内でさまざまな情報資源を活用した学習が可能になります。このためには、教員の研修はもとより、優れた教育用コンテンツの開発が急がれます。

　子どもには多様なメディアの特性を理解する学習が必要です。

（２）本の情報とインターネットの情報の違いを学ぶ
①デジタル・ネイティブの特徴
　今の子どもたちは、幼少期からインターネットやテレビゲームなどがあったデジタル・ネイティブといわれる世代です。調べたいことはすぐにイ

ンターネットで調べられます。いわゆる「ググる」といわれるグーグルの利用です。検索語を入力した後は筆頭のサイトを中心に見ていくのです。

　デジタル・ネイティブの世代には、次のような感覚や行動の傾向が見られます。

　・インターネットにない情報は「ない」と感覚的に思っている。
　・ニュースは、インターネットのまとめサイトで見る。
　・テレビやラジオはほとんど使わず、インターネット動画を見る。
　・新聞や雑誌は読まない。
　・漫画は、漫画週刊誌ではなく、インターネットで読む。
　・オンラインゲームを楽しむ。
　・SNSを使いこなして、人間関係をまわしている。

　ここには、インターネット中心の生活が見て取れます。紙の情報は登場しません。ほとんどがスマートフォンでできてしまいますので、パソコンのキーボードは苦手です。むしろ、スマートフォンでほとんどのことができてしまいますので、パソコンを使う意義を見出せないのです。

　このようなデジタル・ネイティブの子どもには、ICT活用も大切ですが、本の情報とインターネットの情報の違いについて、実感をもって理解させる指導はどうしても必要です。バランスが大切なのです。

②本の情報とインターネットの情報の違いを学ぶ

　本（紙媒体）とインターネット（電子媒体）の情報の違いには、次のような点が挙げられます。

○**本の情報**
　・個人ではすぐに情報を発信できない。
　・書き手の他に、情報をチェックする編集者が介在しており、発信するまでには時間を要する。

・間違った情報であっても、発信した後に訂正するチャンスがある。

○**インターネットの情報**

・個人ですぐに情報を発信できる。

・誤った情報であっても、拡散しやすく、また、削除が不可能だったり、修正しにくかったりする。

・情報を訂正するような事態になったときには、すでにその情報は拡散し、拡散を止めることはできない。

　このような情報の特質を子どもが実感するためには、本の情報とインターネットの情報を比べる指導が必要です。

　インターネットはすぐに調べられますので、便利ですが、この便利さに慣れてしまうと、他のメディアから情報を収集しようとしなくなります。インターネットの情報だけではなく、本にどのように出ているかを調べ、両者を比べる機会を設けることが大切です。

　例えば、言葉の意味調べの場合、インターネットの辞書と本の辞書を比べる機会を設けます。インターネットの情報は無料のため、掲載されている用例が少なく、情報は限られています。しかし、紙の辞書には多くの情報が出ています。また、辞書によって、意味の説明が異なります。このようなことは、情報同士を比較しないと分かりません。

　インターネットの辞書の場合、複数のウェブサイトで情報を比較することはしません。

　また、紙の辞書は、目的の言葉を調べるだけではなく、パラパラとめくって、新たな言葉に出会うという経験もできます。電子辞書が普及した今、紙の辞書の良さを経験する場をぜひ設けるようにしましょう。

【本の情報とインターネットの情報の違いを学ぶ方法例】

・紙の国語辞典とインターネットの国語辞典を比べ、どのような違いがあるかを考える

> →紙の国語辞典は、意味や用例が多く載っているが、無料のインターネット辞典は情報が少ない。
> ・同じ内容の報道について、新聞の情報とインターネットのニュースのまとめサイトの情報を比べて、どのような違いがあるかを考える。
> →新聞では客観的な事実を説明している記事が多いが、インターネットでは、事実に対する意見も多く述べられている。(読み手はその意見に左右されやすい)

　インターネットのメリットはスピードです。必要としている情報がテレビや新聞よりも早く出ます。例えば、新型コロナウイルスの感染者数は、インターネットは自治体の公表に先立って、テレビや新聞よりも早く出ました。ただし、その背景についてはすぐには分かりません。インターネットで確認した後、テレビのニュースや新聞の情報を改めて確認し、詳しく知る必要があります。このような使い方を学ぶ必要があります。

3　人は大切な情報資源

　ネット社会では、情報収集はどんなこともインターネットに依存しがちです。しかし、人に直接会って話を聞かない限り、得られない情報もあります。

　生活科や総合的な学習の時間では、体験的な学習を大切にします。テーマによっては、人に話を聞くという取材を体験し、対面で得られる情報の大切さについて、子どもが実感を持って学ぶ機会をもつことは、特にデジタル・ネイティブの子どもたちにとっては大切なことなのです。

【地域の住民に話を聞き、地域に残る話をまとめる学習】

山形県東根市立長瀞小学校

> ・国語科、総合的な学習の時間を活用し、同居する祖父母や地域住

　民に取材し、昔から地域に残る民話を聞き取る。

・聞き取ったことを元にして、絵を入れてまとめ、校内に掲示する。

・日頃から読み聞かせをしてくれている「ききみみずきん」（読み聞
　かせグループの名称）の方たちを招待してお礼の会を開き、異学
　年交流により、子どもたちがつくった民話の紙芝居を披露する。

（筆者の2016年の取材による）

　東根市立長瀞小学校は、山形新幹線のさくらんぼ東根駅から在来線で
一つ先にある東根駅の近くにある小学校です。周囲は田畑に囲まれ、学
区域には集落が点在しています。駅の近くには、温泉旅館が点在してい
ます。

　核家族化も徐々に進んでいるため、祖父母と生活する子どもも少なく
なりつつあります。語り継がれてきた、いわゆる民話は、高齢者の方た
ちから聞き取っていかない限り、後世へと語り継がれていくことがなく
なってしまいます。

　民話のような口承文化は、文字には残りにくく、人から人へと語り継
がれていくものです。民俗学の領域です。長瀞小学校の子どもたちの取
り組みは、貴重なものといえるでしょう。

　この実践は、実社会・実生活に生きて働く学びの一つです。また、地
域の理解なくしては実現で
きません。「社会に開かれ
た教育課程」を実現したも
のといえます。

　ネット社会であるからこ
そ、人と人とが出会い、語
り合う学びを大切にしてい
きたいものです。

郷土に残る昔話を地域に取材し、紙芝居にして披露
（山形県東根市立長瀞小学校、2016年撮影）

第**9**章 新聞を学習材・読書材として活用する

・デジタル・ネイティブの子どもは、インターネットを中心にしたメ
 ディアとの関わり方が中心になりやすいのですが、たった一つのメ
 ディアに頼るのでは、情報が限定されてしまいます。あえて新聞を
 学習材・読書材として活用していくことが必要です。

・新聞は、文章と写真や図表などから構成されている複合的なテクス
 トによるメディアです。このような新聞の多様なテクストを学習
 材・読書材として活用し、言語能力や批判的思考力などを養う学習
 があります。

1 新聞を学習材・読書材として活用する

(1) ネット社会と新聞

　デジタル・ネイティブといわれる子どもにとって、新聞は遠いメディ
アです。新聞をとっていない家庭も多くなっています。また、若い先生
の中には新聞を読まない人も少なくはないでしょう。

　「インターネット情報の受け手」の立場には、次のような特徴があります。

・インターネットの情報は、速報性が大きなメリットのため、受け
 手側も、次々に更新されることを前提にして情報を取っている。

・インターネットの情報を読む受け手側は、素早く情報を取ること

を目的にすることが多いため、熟読せず、流し読みしてしまう。

・インターネットの情報にはテレビや新聞といったマス・メディアには載せられない情報を載せることが多く、受け手側も社会的なモラルとは切り離し、割り切って情報を取っている。

・インターネットの情報は、さまざまなニュース・ソースを集めて構成しているものも多く、情報の出どころ（もとの情報やオリジナルの情報）が把握しにくい。

　インターネットの情報には、ゴシップの要素が強い面があります。受け手側もそれを承知で使っています。しかし、このようなことを知らない子どもにとっては、インターネットだけというのはリスクがあります。

　「スマホがあるのに、どうして新聞を読む必要があるのか」という人もいますが、この意見は、「スマホで電子版の新聞を読む」という意味ではありません。「ネットには無料のニュースサイトがあるのに、どうして新聞を読む必要があるのか」という意味なのです。今やYahooニュースさえあれば事足りるという人も多いようです。スマートフォンで設定さえすれば、最新ニュースが届くたびに知らせてくれますし、便利なことこのうえないといえるでしょう。

　しかし、無料の情報は、やはり無料ゆえに情報量は少なく、ニュースのアウトライン、大まかなことしか出ていません。社会人で本当にきちんとした情報がほしい人は、新聞を読みますし、また、インターネットの場合、有料サイトの会員になっています。あるいは、有料のメール・マガジンを購読しています。無料の情報は、無料でしかないのです。

　インターネットの情報は、広告料で賄われていますので、アクセスされないと広告料は入ってきません。このため、読者の興味・関心を引くように面白おかしく書かれていたり、意味深長な表現で含蓄を持たせようとしたりする傾向があります。

デジタル時代のため、新聞の購読者はどんどん減っています。かつて新聞購読率は高いものがありました。かつての日本国民のリテラシーは高かったといえるでしょう。新聞は社会を知るための大切な情報源として活用されていたのです。

　新聞は電子版も出ていますが、無料の情報が多いインターネットの中で、厳しい競争にさらされています。

　では、新聞は終わってしまったメディアなのでしょうか。けっしてそうではありません。ネット社会の中で、購読者が減っても、新聞社は信頼感のあるメディアであろうと日々努力を続けています。特に全国紙とは別に、地方紙は、地域に根ざして取材し、地域とともにあるメディアとして、多くの地域住民に信頼され、読まれています。

（2）新聞の価値とは

　新聞の価値とは、何でしょうか。

　第1に、新聞社が長い年月の中で積み上げてきた経験による知恵が生かされ、まだ信頼感を持つ人々が少なくないという点です。抽象的かもしれませんが、歴史の浅いインターネットに比べて、編集上の経験知が多くあるのです。

　第2には、編集による記事の精査です。日々の新聞のニュース記事は、デスクと呼ばれるベテランのリーダーを中心にして、記者が書いた記事を精査するとともに、複数の人数で記事をチェックしています。

　第3に、新聞社の報道機関としての矜恃、ジャーナリストとしての矜恃、つまりプライドであり、使命感です。新聞社は報道機関であり、マス・メディアであるため、どのような報道であったとしても、社会的な影響を与えます。新聞記者が自らの名を明かして書く「署名記事」や、綿密な取材を重ねた「スクープ記事」は、まさに報道機関としての使命を果たしている一例といえるでしょう。もちろん、インターネットの記事の書き手に使命感がないというのではありません。新聞記者の矜恃が

時として邪魔をすることは往々にしてあります。

　大切なのは、新聞が良くてインターネットが悪いというのではなく、目的に応じてメディアを使い分けることが大切ということです。ネット・ニュースだけ、新聞のニュースだけというのは、どうしても得られる情報のバランスが取れなくなるのです。

　デジタル・ネイティブの子どもには、バランスの取れたメディアとの関わり方を学ばせることが大切です。そういう意味でも、子どもが新聞と出会う機会を設けることが必要です。新聞が子どもに親しみのないメディアであるからこそ、汎用的な能力の育成の観点からも、新聞について学ぶ場、新聞を読む場を設けることが必要です。

（3）新聞というメディアの編集方法を学ぶ

　新聞は、独自の編集方法でつくられています。新聞の編集文法といってもよいものです。これを知らないと新聞はよくわからないメディアになってしまいます。

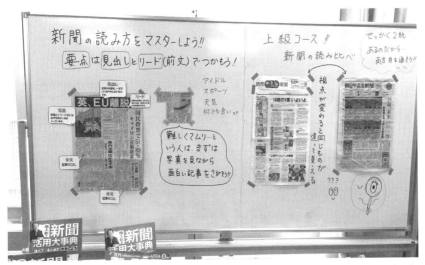

ホワイト・ボードで新聞の読み方を説明（神奈川県大和市立光丘中学校の学校図書館、2016年撮影）

新聞は、見出し、リード、本文などのさまざまな活字表現、写真や図表から構成される複合的なメディアです。

例えば、大きな事件や事故の場合、見出しがとても大きな文字になります。見出しの表現にも様々な種類があります。

記事の種類によって、ページが割り当てられています。社会面、経済面、政治面、国際面、などがそうです。

新聞社の意見を載せた「社説」についても、知らない場合はどういう位置づけなのか、わかりません。

新聞には、このように独自の編集文法があるため、読み方を知らないと、難しく感じてしまうメディアでもあります。

2 新聞を学習材・読書材として学びに生かす

（1）新聞というテクストの特徴

新聞はOECDによるPISA型読解力の「連続型テクスト」と「非連続型テクスト」に関わる読解力を養うのに適しています。

見出し、リード、記事の本文は連続型テクストであり、図表や写真は非連続型テクストです。

例えば、新聞記事のテクストには次のような特徴があります。

テクストの種類	テクストの特徴
見 出 し	記事の内容が、すぐにわかるように短い言葉で端的に表現されている
リ ー ド	記事のおおよその内容が要約され、記事本文を読まなくても大体のことがつかめる
記 事 本 文	事実を5W1Hによって詳しく述べている
写 真	記事の内容をより具体的に、わかりやすく伝えている
グラフや図	文章や写真では表現しきれない内容を整理して、わかりやすく伝えている

このようなテクストの特徴を踏まえて、学年や子どもの発達段階など

に応じて、記事を扱うことが大切です。

（2）新聞活用の目標

　新聞を活用する学習では、次のような目標が挙げられます。

【小学校】
・新聞に親しむとともに、新聞というメディアについて学び、新聞を日常生活に取り入れる態度や方法を身につける。
【中学校】
・新聞に親しむとともに、新聞というメディアの特性を理解し、目的に応じて情報を活用する態度や方法を身につける。
【高校】
・新聞を情報活用の手段として生かすとともに、情報を批判（批評）的に読む方法を身につける。

　ただし、新聞は出会った時が学びの第1歩ですので、たとえ大学生であっても、これまで新聞を読んだことのない場合は、初歩的な目標を設定することになります。つまり、子どもの新聞との関わり方の実態に即して、目標を柔軟に設定することが大切です。

（3）新聞を学習材・読書材として、読解力を身につける

①写真を読みとり、読み取ったことを伝え合う

　低学年の子どもや新聞をほとんど読んだことのない子どもには、新聞はハードルの高いメディアです。

　そこで、このような子どもには、新聞に親しむということを目標にします。

　写真からどのようなことがわかるかを考えます。

　ただし、悲しい事件や事故のニュースは避けるようにします。

【写真記事の活用例】　※「総合的な学習の時間」における活用を想定しています。

　　2020年３月11日の朝日新聞朝刊別刷には、福島県にあるJR常磐線
夜ノ森駅前に続く桜並木の写真が大きく全面に出ました。

　　３月11日は東日本大震災が起きた日です。

　　折しも、震災から９年を経て、３月10日に夜ノ森駅周辺の帰宅困
難区域の制限が一部解除され、３月14日には、JR常磐線が全通する
ことになりました。つまり、その直前の記事です。

　　写真の中の光景には、美しい桜並木が続いています。

　　人の姿はありません。

　　子どもには、このような写真の背景となる東日本大震災と福島第
１原発事故について説明します。

　　その上で、次のような問いかけで子どもの意見を引き出します。

・この桜を見て、福島の人たちはどんなことを感じただろうか。想
　像してみよう。

・夜ノ森の住民だった人たちは、駅前の桜並木には、どんな思いが
　あるだろうか。

・この桜並木は、夜ノ森の人たちにとって、どういう意味を持つも
　のだろうか。

---

②見出しを活用する

　　見出しは、ある意味で究極の要約です。同じ内容の記事であっても、
新聞社によって表現が異なります。

　　例えば、サッカー日本代表が2002年開催のFIFAワールドカップで負
けたとき、「惜敗」と表現した新聞社がありました。「惜敗」というのは、
含蓄のある言葉です。子どもは普段の生活で「惜敗」を使う場面はない
でしょう。そういう意味で、「惜敗」という言葉に込められた思いを考え

るには適した見出しでした。

　言語力を育成するの観点から、次のような見出しを活用した学習が挙げられます。

・本文を読まず、見出しからどのようなことがわかるか、内容を推察する。
・リードや本文を読んで、どういう見出しがふさわしいかを考える。
・同じ内容を扱った複数の新聞社の見出しを比較し、共通点や違いを考える。

---

③リードと本文を比べる

　リードは見出しの後に置かれ、記事を要約した内容になっています。要約とはいっても、記事の全体をまとめたものではなく、記事の核心となる内容を簡潔に述べています。経緯や背景はリードではなく、記事本文に述べられています。

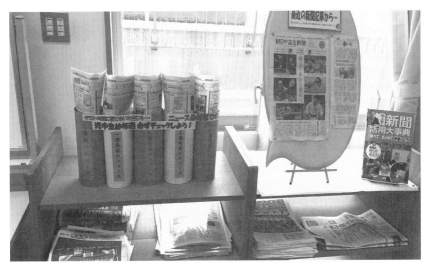

学校図書館に新聞を整理して常備し、さまざまな授業で積極的に活用する
（神奈川県大和市立光丘中学校、2016年撮影）

記事本文がどのようにリードに要約されているか、リードと記事本文を比較する学習をしたあとで、他の記事を活用し、リードを隠しておき、記事の核心となる内容を見つけて、逆にリードを作ります。これは、文章の中で最も大切なことは何かを考える学習になります。

④グラフを活用する

　グラフが使われる記事はそう多くはありません。地価の変動や選挙結果など、統計が関係する記事に多く見られます。ただし、読者にわかりやすく伝えることを心がけているため、複雑なグラフはありません。

　記事で説明されている数値からグラフを作り（グラフは隠しておきます）、記事に出ているグラフと自分が作ったグラフを比べてみます。

　あるいは、グラフから読み取ったことについて、きちんと数値を用いて分かったことを伝え合う学習も考えられます。読み取ったことを伝え合うだけではなく、文章にまとめることで理解が定着します。

⑤記事を読み比べる

　同じ題材（トピック）を扱った記事について、２紙の記事を読み比べます。３紙の読み比べとなると、難易度が上がりますが、より新聞社の違いが把握しやすくなります。ただし、初心者向きの学習ではありません。３紙の読み比べは、小学校高学年や中学生に適した学習といえます。

　次の点について読み比べます。

・同じ内容をどのような言葉で伝えているか。
・Ａ紙とＢ紙では、記事の印象はどう違うか。
・Ａ紙は伝えているが、Ｂ紙で伝えていないことはないか（あるいはその逆）。

　この学習は、同じ題材（トピック）であっても、伝え方によって印象が変わる場合があることを実感的に学ぶものです。見出しの一語だけで

も印象が変わります。

　これは、メディアを「批判的（クリティカル）」に読み取る学習、つまり「メディア・リテラシー」を身につける学習です。ただし、「批判的」というのは、適切な訳語ではありません。むしろ、「批評的」といった方が合っています。

　メディア・リテラシーとは、情報を鵜呑みにするのではなく、常に批評的な視点を持って情報を評価しながら読み取ることをいいます。ネット社会にこそ、よりいっそう求められるリテラシーといえるでしょう。

（4）新聞活用で気をつけたいこと

　新聞にはそれぞれの政治的な立ち位置があります。意見が分かれるような政治性のある記事の場合、1紙だけではなく、少なくとも意見の異なる2紙を扱い、バランスをとることが欠かせません。

　政治的な記事の場合、教員として伝えたい思いはあるでしょう。しかし、子どもには社会にはさまざまな意見があることを理解してもらうことも大切です。教員個人の考えとは別に、意見の多様性を制限するような新聞の扱い方は避けるべきです。社会事象を扱う場合、政治的な面が全くない記事などありません。新聞を扱うということは、少なくとも、社会と接点を持つわけですから、政治というものに少なからずコミットすることになるのです。

　そういう意味でも、授業等で扱う新聞がどのような立ち位置にあるのか、教材研究の段階でしっかり確認しておくようにします。

注目記事に付箋をつけて、生徒を新聞に導く
（神奈川県大和市立光丘中学校の学校図書館、2016年撮影）

第10章　疑問や課題を解決する探究的な読書活動

・物語や小説を楽しむ読書は読書習慣を身につけるために大切ですが、これからは、疑問や課題解決を図るために、図書ばかりではなく、さまざまなメディアの情報を読み取って活用する「探究的な読書」が必要です。

・探究的な読書を行うには、第7章で取り上げたように、必要な情報を評価したうえで取り出すスキルが必要です。

1　インターネットの情報を読み取るスキルを養う

　デジタル・ネイティブといわれる子どもたちは、インターネットをパソコンで見るというよりも、スマートフォンでSNSを見ることを中心にして情報を収集しています。これを前提にして指導する必要があります。

　そして、インターネットの情報を利用するには、子どもに読み取り方の指導が必要です。これは一度で終わることはなく、繰り返し、何度でも指導することが大切です。情報モラルの要素を含んでいます。

　インターネットの情報は横書きで画面を下に流しながら読むため、深く読み取るのには適していませんし、情報の鮮度が大切とされているため、読者を意識したコンテンツになっています。最新情報を得るには良いのですが、確かさについては自分で他のメディアを調べる以外にはありません。

【インターネットの情報を読み取るスキル】

〈情報の選択〉

・最初の選択肢として、公的機関・団体が制作しているサイトを見
るようにする

　個人のブログやSNSの中には、フェイク・ニュースが含まれる場
合があることを踏まえて利用する

〈情報の読み取り〉

・信頼できる情報であるかを考えながら読み取るようにする

・流し読みしたり、興味・関心のある部分だけ読んだりせず、全体
をていねいに読むようにする

・一つのサイトを最後まで読むようにする（見出しと結末で情報が
変わる場合がある）

〈情報の比較・探索〉

・他のサイトの情報を引用したものは、できるだけ元のサイト（出
典となるサイト）を確認するようにする

・複数のサイトを比較して、より正確な情報を探るようにする

・必要な情報がどこにあるか、トップ・ページ（フロント・ページ）
でサイトの全体的な構造を確認し、必要な情報を探すようにする

〈写真や動画〉

・写真や動画も確認し、文章と比較して、写真や動画が伝えようと
していることをつかむようにする

・写真や動画は、意図的に加工されていないかを見きわめるように
する

〈リスク回避〉

・クリックしないのに他のサイトに勝手につながってしまったり、
警告が出てしまったりした場合には、作業を中断し、すぐに先生
に知らせるようにする

2 情報活用のプロセスに探究的な読書活動を取り入れる

（1）問いを解決するために資料を活用する

　2017（平成29）年に改訂された学習指導要領では、探究的な学習を重視しています。探究的な学習には、学びのプロセスがあります。

①学習目標を理解し、学習の見通しを持つプロセス
②学習者が主体的に課題意識を持てるようにするための知識・技能を獲得するプロセス
③学習者が自己の知識・技能を活用し、課題意識に基づき、主体的に「問い」を立てるプロセス
④学習者が個人で、あるいは協働的に、教科書や副教材、学校図書館の資料を活用するなどして「問い」の解決を図るプロセス
⑤解決した課題への答えを適切に共有したり表現したりするプロセス
⑥自らの学習を振り返り、自己評価や相互評価するとともに、学習成果を実感して、次に生かそうとするプロセス

　このプロセスのうち、④は、「問い」の解決のために、教科書教材だけではなく、必要に応じて資料集などの副教材や学校図書館の多様なメディアを活用するということです。

　例えば、小学校では、複数の教科で、それぞれの教科の特質に応じてエネルギーについて学びます。例えば、国語では、『未来に生かす自然のエネルギー』（牛山泉、東京書籍『国語』6年下）が、自然エネルギー、再生可能エネルギーを題材にしています。しかし、教科書教材では、データが古かったり、説明が足りなかったりする面があります。

　そこで、「今の日本で自然エネルギー、再生可能エネルギーはどうなっているだろうか」という問いを立てます。この問いを解決するためには、最新のデータや自然エネルギー、再生可能エネルギーの現状について調べます。用いるメディアは次のようなものです。

〈インターネット〉

自然エネルギー、再生可能エネルギーに関する最新のデータや使われ方を知る

〈図書資料〉

・百科事典―基本的な知識を得る（小・中学校の場合、『ポプラディア』など）

・年鑑や白書　など

〈新聞〉

自然エネルギー、再生可能エネルギーに関する様々な情報を得る（利用している自治体の話、関係者の考え、太陽光パネルなどの機材をつくっている企業のことなど）

　新聞の場合、データベースを用いるのが便利ですが、契約料がかかるため、設置している学校は少ない状況です。

　したがって、予め司書教諭や学校司書に相談して、新聞記事の切り抜きやコピーを用意してもらうようにします。情報ファイルを作っておいてもらうのが理想です。公共図書館が設置する新聞のデータベースや新聞縮刷版を使います。

（2）資料から必要な情報を見つけ、評価し、取り出す

①「問い」を解決するための情報を見つける

　どの資料の読み取りであっても、ただ漫然と読むのではなく、問いを解決するために資料の中から必要な情報を取り出すトレーニングが必要です。

　情報活用能力を育成するプロセスは次のようなものです（☞第7章　情報活用能力を養う読書の学び　参照）。

情報の評価→情報の取捨選択→情報の加工・表現→情報の発信

このプロセスのうち、情報の評価 → 情報の取捨選択 を行うには、1枚の「情報カード」に整理していく方法を採用します。

「情報カード」には、「問い」や知りたいこと、取り出した情報、情報から読み取れることなどを書き込んでいきます。

しかし、その前に、どのように必要な情報を見つけるかの指導が必要です。次のようにします。

【情報を探し出し、評価する学習プロセス】

> まず、「知りたいこと」をはっきりさせ、書き出してみる
>
> ↓
>
> 自分が知りたいことを1語のキー・ワードにしてみる
>
> ↓
>
> ・図書であれば、目次や索引を見て、キー・ワードがないか調べる
> ・インターネットであれば、検索語としてキー・ワードを用いる
>
> ↓
>
> キー・ワードが載っていたら、よく読み、自分が知りたいことだったのかを考える（情報の評価）

②情報の評価と出典

キー・ワードが載っていたら、よく読み、自分が知りたいことだったのか、適切な情報かを考えることが情報の評価です。

調べ学習がよく「丸写し学習」といわれるのは、情報の評価がないためです。丸写しはインターネットの場合、コピー＆ペーストにつながってしまいます。したがって、情報を取り出すにあたっては、次のように出典を示す指導をします。

> ・必要な箇所を「　」付きで抜き出し（引用）、出典（資料名、著者名、刊行年、出版社）をその後に（　　）を付けて書くようにする

　統計資料の場合は、データを具体的に挙げて読み取れることを書きますが、この場合も必ず出典を示すように指導します。

　情報の取り出し方としては、引用のほか、資料の該当箇所を要約して示す方法がありますが、これは大人でも難しいものです。まずは、資料から引用したら、必ず出典を示すように指導しましょう。

③ウェブサイトの情報の取り出し

　ウェブサイトの場合、出典として、名称、URLアドレス、参照日を示します。

　また、次のようにします。

・検索語で出てきた他のウェブサイトの情報と比較するようにします

・このため、最低でも２つの情報を用いて、それぞれ抜き出します

・統計資料の場合、読み取ったことを書きます

・２つのウェブサイトの出典をそれぞれ示すようにします

　ウェブサイトの場合、どれを選ぶかで情報の質が決まってしまいますので、個人のブログやSNS、ニュースのまとめサイトは用いないように指導します。

④問いの解決

　グループで学習する際、例えば４人で次のように分担し、段階的に進めていきます。

【４人で問いを解決していく学習プロセス】

---

①まず、４人で分担して図書を調べる

　・百科事典や年鑑等　　・百科事典や年鑑以外の専門的な本　　・新聞

↓

②各自で情報カードに情報を整理する

↓

③４人で情報カードを持ち寄り、読み合う

↓

④図書で調べられなかった情報が何かを考える

↓

⑤４人で分担して、インターネットで調べる

↓

⑥各自で情報カードに情報を整理する

↓

⑦４人で情報カードを持ち寄り、読み合う

↓

⑧４人で相談しながら、１枚の紙に整理する

⑧では「１枚の紙に整理する」としていますが、今後、タブレット端末が普及すれば、紙ではなくタブレットの画面に電子ペンで記入するようになるでしょう。ネットワークを介して、お互いにまとめたものを共有することもできるのです。すでにこのようなシステムが導入されている学校もあります。

ここで大切なのは、情報を整理して、まとめていくプロセスです。それを４人で確認し、情報を共有し、考えながら、少しずつ進めていく方法です。

先生は、段階ごとに学習をいったん止めて、学習の進み具合を確認するとともに、探し出した資料が適切かを確認していきます。

つまり、子どもに丸投げするのではなく、スモールステップで、どの子どもも一緒に学習を進めながら、学び方を身につけていく方法です。

【「情報カード」例】

※印の空欄にキー・ワードを記入すると、情報カードを整理して、ファイリングする際に活用できます。学習材としても活用できます。

※	

情報カード

なまえ＿＿＿＿＿＿＿＿　　　　　　　　　　　年　月　日

知りたいこと (問い)	
知りたいことの キー・ワード	
見つけた情報 キー・ワードに線を引こう	

用いた資料	資料名	
	著者のなまえ	
	資料が出た年	年(令和　　年)
	資料やサイトを つくった会社	・URL アドレス ・調べた日(　　年　月　　日)

第11章 読書のプロセスを「見える化」する

この章のポイント

・本を読む過程を子どもがメモや記録を取りながら「見える化」し、読書のプロセスを子ども自身が相対化できるようにするのは、内容をメタ認知するための工夫のひとつです。

・読書ノートに記録するのは、子ども自身が主体的に読書生活を創造できるように支援するための手立てです。

1 立ち止まりながら本を読む

（1）本を読むプロセスを「見える化」する

①本を選ぶ

　どのような本を選ぶか、まずは子どもが本を選ぶところから読書指導は始まります。

　学校図書館に連れて行き、図書館の本の中から本を選ぶようにします。

　４月や２学期、３学期のはじめであれば、学校図書館にある本の中から読んでみたい本のリストをつくります。この取り組みには、子どもの読書意欲を喚起する意味があります。

> ①読んでみたいと思う本を自由に選ぶ
> ②教科書で学んだ教材と同じ作者・筆者の本を選ぶ
> ③教科書で学んだ教材と題材が同じ本を選ぶ

　②と③は、司書教諭や学校司書といった学校図書館担当者に協力を依頼し、予め選書しておきます。

　司書教諭や学校司書任せにせず、学級担任や教科担当者が自ら選書に関わることは協力関係を作る意味で大切です。

　なお、司書教諭は12学級規模以上の学校に置かなければなりません。学校司書は自治体によって配置状況が異なります。小規模校は司書教諭を置かず、校長が学校図書館係を任命している場合もあります。もし、学校司書が配置されていない場合は、他校の司書教諭や地域の公共図書館の司書に相談するようにします。

　学校図書館担当者（司書教諭や学校司書）と連携する方法については、第14章で詳しく述べています。

②付箋紙を活用して読み進める

　本に直接、鉛筆などの筆記具で線を引いたりメモを書き込んだりするのではなく、付箋紙を活用します。

　例えば、３色の付箋紙を用意して、予め色ごとに付箋紙の役割を決めておきます。付箋紙には、ページ数とメモを書くようにします。こうすることで、後からでも付箋紙を挟んだ理由が思い出せるようになりますし、ページ数を書いておけば付箋紙を取り出したときでも、該当するペ

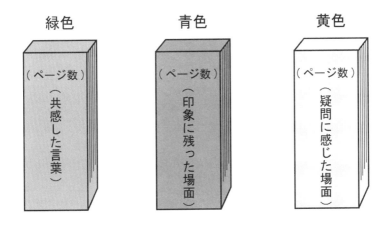

緑色　　　　　　青色　　　　　　黄色

（ページ数）　　（ページ数）　　（ページ数）

（共感した言葉）　（印象に残った場面）　（疑問に感じた場面）

ージが分かります。

　ときおり公共図書館の本には、赤鉛筆などで線を引いてあるのを見か
けることがありますが、これはマナー違反です。自分の本であれば、3
色ボールペンなどを使って本に直接書き込んでもよいでしょう。そうい
う読書方法もあります。

　しかし、色別の付箋紙の方がすぐにページを開けますし、後からでも
メモですぐに振り返ることができます。

【物語や小説の場合】

〈緑色の付箋紙〉 ・共感した言葉（「いいな」と思った会話や言葉）
〈青色の付箋紙〉 ・印象に残った場面（登場人物の言葉や行動で共感できた場面）
〈黄色の付箋紙〉 ・疑問に感じた場面 （登場人物の言葉や行動で疑問に感じたり不思議に思ったりした場面）

【物語や小説以外の読み物（ノンフィクションなど）の場合】

〈緑色の付箋紙〉 ・新たに知った知識が載っている箇所
〈青色の付箋紙〉 ・印象に残った「ものの見方・考え方」が載っている箇所
〈黄色の付箋紙〉 ・少し難しいと感じた箇所 （他の図書資料やインターネットで調べてみたいと思った箇所）

（2）本を読んでいる途中で、伝え合いを行う

　読書活動の場合は、１冊読み終えた後での言語活動を考えがちです。しかし、本を読んでいる途中で、一度立ち止まって考えることにより、子どもは本の中身を整理することができます。そこで、本を読んでいる途中、つまり、ある程度読み進んだところで、どんな本か、本の紹介をする伝え合いの活動を入れます。

　ペアを組んで、次のような内容を伝え合います。伝え合いの前には、ノートやプリントを用意して次のようなことを書いておくようにします。

【伝え合いのための記録】

> ①本を選んだ理由
> ②本のあらまし
> 〈物語や小説の場合〉どういう主人公が出てきて、何をするお話か
> 〈物語や小説以外の読み物の場合〉何について説明した本か
> ③（もしあれば）これまでで面白かったところ

　伝え合いですので、お互いに質問をするようにします。説明をしたり、質問をしたりすることにより、自分でも気づかなかったことに気づく場合があります。

　次のような伝え合いを挟むことで、読書に自信のなかった子どもも自己肯定感が高まり、読書意欲へとつながることが期待できます。

【伝え合いの話型】

> ・説明を聞いて、わたしも読んでみたくなりました。その理由は
> 　……だからです。
> ・説明を聞いて、……について知りたくなりました。
> ・説明を聞いて、……に興味を持ちました。

書いたり、音声で伝えたりすることで、自分の読書の中身を相対化することができ、メタ認知につながります。本を読ませたままにしておくのではなく、読書の途中や読後に相対化を図る言語活動が取り入れられることによって、次の読書意欲へとつながる活動になるでしょう。

2 読み終えた後、本の内容を「見える化」する

　1冊の本を読み終えた後、付箋紙を挟んだページを改めて確認しながら、どのような内容の本だったかを振り返る方法です。

　本に挟んだ付箋紙を全て取り出して、色ごとに並べます。

　あるいは、ページ順にはじめから並べていきます。

　このように付箋紙を活用して、本の内容を1枚の大きな紙を広げたように「面」で捉えることができるのです。つまり、本の内容を全体的に俯瞰することができます。

　これは読書記録や読書感想文を書く際に活用します。

　例えば、印象に残った場面が複数ある場合、どの場面が最も印象に残ったのかを考え、全体を見渡して、複数の場面の中から一場面を選びます。

　また、疑問に思ったことを意識するのは、本を批評的に読むうえで大

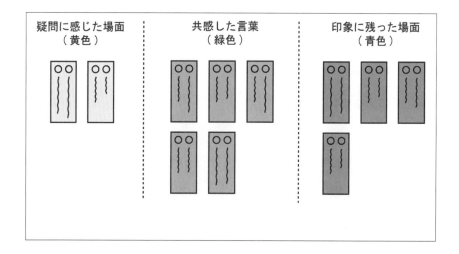

切なことですが、このように本を読んでいるときに考えたことを付箋紙に書き留めておけば、すぐに本にたち戻って振り返ることができます。

3 読書ノートに記録する

（1）大村はま先生の「読書生活指導」

国語教育者の大村はま先生（1906〜2005年）は、終戦後の時代から長く読書指導に力を入れた実践家です。昭和40年代（1965年〜）以降、自らの読書指導を「読書生活指導」と名づけました。本の紹介や読書感想文などは、学校教育でよく行われる読書指導です。しかし、「読書生活指導」は、生徒に読書の方法や技術を教え、広く社会生活や家庭生活を視野に入れ、読書文化の担い手を育てるというねらいをもつものでした。

大村先生が昭和35（1960）年から勤めた大田区立石川台中学校では、授業はいつも図書室で行われ、生徒は「読書生活の記録」を書きました。読んだ本の記録だけではなく、読みたい本、読書日記、感想文、広告・書評・読書論を集めるページなどから構成されていました。広く読書生活の実現が目指されていたと考えられます。

大村先生の教え子である苅谷夏子氏は、「読みたい本」を記入していく「読書生活の記録」のページについて、「読んだ本」と同等か、あるいはそれ以上のものとして大事にされていた、と証言しています。苅谷氏は、中学生のとき、大村先生が「『いま、どんな本を読みたいの？』と聞いて、ひとつもほんの名前を言わないような人はつまらない。」と言ったことについて触れ、続けて次のように述べています。

　　一冊の本を最後までちゃんと読まない限り、読書とは認めないということであったら、本はずいぶん遠いものになる。かりそめにも読みたいと思った、興味をひかれた、題名だけでも面白く感じて、『いつかは』と思った、そんな本を、自分の読書生活の範囲内のこととして記録する。

そういうことまで含めた読書生活ならば、大人になって、どんな暮らしをするようになっても持続できるのではないか。それは文字通り文化に近い暮らしであって、たしかに人の人相にまで現れることがらなのではないか。

　　　　　　（苅谷夏子『優劣のかなたに—大村はま60のことば』筑摩書房，2007年）

　そして、石川台中学校での昭和40年代（1965年〜）の実践によって、「読書生活指導」の実践は、より豊かな内容を持つ読書単元になっていきました。大村先生は、読書をこれからの社会を生きぬくための一つの技能と考え、「よい読書人」を育てることをめざしました。主体的に自ら読書生活を創造していくには、読書の技能が必要です。実社会・実生活において、まさに必要とされるものではないでしょうか。

（2）「読書ノート」で読書計画を立て、読書記録をつける

　私が以前、中学生に使っていた読書ノートをご紹介します。

　この「読書ノート」では、①１年間の読書生活の目標を立てるページ、②読書記録をつけるページ、③各学期、または１年間の読書を振り返るページの３部に分けて構成しています。

①１年間の読書生活の目標を立てるページ

　子どもを学校図書館に連れていき、書架に並んでいる本を見ながら本を選ぶようにします。また、推薦図書を載せたプリントがあると読書計画を立てる際に参考にできます。学年、教科の先生、司書教諭や学校司書に相談して取り組むとよいでしょう。

②読書記録をつけるページ

　本を評価するという視点を盛り込み、星５つで評価します。また、コメントは、評価の理由を書くようにします。

1年間の読書計画を立てよう

1年間の読書目標（めあて）

興味・関心のある本や分野（絵本、物語、小説、ミステリー、SF、科学的な読み物など）
- ①
- ②
- ③

どういう時間に本を読む予定ですか?

1年間の読書計画を立てよう

すいせん図書のプリントを参考にして、学校図書館の本だなを見ながら、毎月1さつ考えてみましょう。

月	書　名	作者・筆者	出版社
4月			
5月			
6月			
7月			
8月			
9月			
10月			
11月			
12月			
1月			
2月			
3月			

読書記録をつけよう

読書計画を立てた本でなくてもかまいません。あなたが読んだ本の書名、作者名（物語や小説の場合）・筆者名を記録し、あなたの評価を☆印で表しましょう。5つ星を満点として評価します。また、コメント欄には、面白かったことや評価の理由を書きます。

	書名	作者名	評価	コメント
1			☆☆☆☆☆	
2			☆☆☆☆☆	
3			☆☆☆☆☆	
4			☆☆☆☆☆	
5			☆☆☆☆☆	
6			☆☆☆☆☆	

③各学期、または1年間の読書を振り返るページ

　学年の発達段階や子どもの実態に応じて、1年間の読書を振り返るページを設けてもよいでしょう。めあてを持って本を読む、読んだ後に振り返ることを目的にしていますので、あまり書くことを多く求めすぎると、子どもが読書そのものを嫌になってしまう場合もあります。

1学期の読書生活をふりかえって

面白かった本・よかった本
5つ星の評価を参考にして、ベスト1を選びましょう。

書　名	作　者	つけた評価
		☆☆☆☆☆

この本を振り返りましょう
1. どのような本でしたか? か条書きで書きましょう。

2. 友だちや先生に勧めるとしたら、どんなふうにこの本を紹介しますか?

(1)〈物語や小説の場合〉　どういう主人公が出てきて、何をするお話ですか?
　　〈物語や小説以外の読み物の場合〉　何について説明した本ですか?

(2)面白かったところは、どんなところですか?

1年間の読書生活をふりかえって

1. わたしのベスト3

	書　名	作　者	理　由
1位			
2位			
3位			

2. 1年間の読書生活をふりかえって

① どういう時間に本を読みましたか？

② どういう本を多く読みました？

③ これからどういう本を読んでみたいですか？

116

VI 読書を「見える化」する

第12章 読書記録をもとに、読書感想文を書く

この章のポイント

・読書感想文は、書き始める前の本を読むという読書体験のプロセス
　が大切です。子どもの思いをどのように引き出し、文章にしていく
　かが大切です。
・読書ノートや第11章で示した付箋紙を使って、子どもが読書のプロ
　セスを振り返り、読書感想文に生かすことができます。具体的なメ
　モや記録などの「見える化」した材料を活用して、読書感想文の構
　想を練ります。
・読書感想文を書くに当たっては、パターン化した指導はなじみませ
　んが、子どもに書く内容を順番に示した文章構成の枠組みとして、
　プランニング・シートを書く言語活動を取り入れると、何をどのよう
　に書いてよいか分からない子どもにとっても書きやすくなります。

1 記録シートに整理して本の内容を振り返る

　本を読むことを大きな目的にしていますので、書くことが多いと、子
どもは読書そのものも嫌いになりかねません。したがって、書く内容は
精選します。

　本を読んでいる途中で伝え合うために書いた内容や、付箋紙で整理し
たことを生かすようにします。

　例えば、付箋紙のメモを元に、新たに読書感想文用の記録シートに整
理する方法を紹介します。

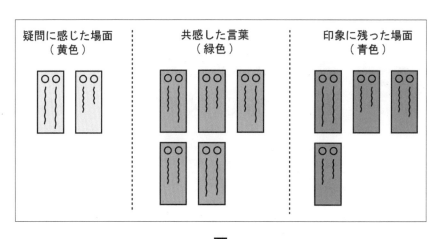

【「記録シート」例】

付箋紙が複数ある場合、それぞれ1枚を選びます

○印象に残った場面　（　）ページ
印象に残った場面の説明
印象に残った理由

○共感した言葉　（　）ページ
共感した理由

○疑問に感じた場面　（　）ページ
疑問に感じた場面の説明

※物語や小説以外の読み物の場合、「印象に残ったこと」、「共感したこと」、「疑問に感じたこと」で記録します。

2　プランニング・シートに構成して読書感想文のプランを練る

（1）読書感想文のプランニング・シートを書く

　記録シートを参考にして、読書感想文に書く内容を考え、プランニング・シートに構成していきます。

　書く内容については、子どもの発達段階に応じて、説明の仕方を工夫します。例えば、読書感想文の冒頭には本のあらましを書きますが、「あらまし」という示し方ではなく、物語や小説では、どういう主人公がどのように行動したのか、という点に絞って書くように説明します。また、物語や小説以外の読み物では、何について書かれているかという点に絞って書くように説明します。

　「あらまし」は、本の内容の要約でもありますので、難しく感じる子どももいます。このため、第11章で示した伝え合いの活動を挟むことによって、どのような本だったのかをまとめることができるようになります。子どもが相手意識を持つことによって、本の中身を相手にしっかり伝えるように意識させることで、本のあらましを自分なりに理解するようになります。

　「あらまし」に多くの字数を費やしている読書感想文がありますが、大切なのは、読み手である子ども自身がどのように受けとめたのかということです。「あらまし」は全体のバランスを考え、2割程度に収めるようにします。

　このような読書感想文のプランを練るためには、記録シートを見ながら、本に立ち戻って、改めて本の中身を確認していく必要があります。

　相手意識を持たせ、相手に正確に本の内容を伝えるように書くことを意識させます。

　さらに深めるためには、本の中で疑問に思ったことを「問い」として示し、自分なりの考えを書いていくという展開の仕方があります。これは、「問い」を立て、自ら立てた「問い」に対する答えを考えるという書

【「読書感想文のプランニング・シート」例】

はじめ (導入部)	・本を選んだ理由 ・本のあらまし 　・物語や小説の場合 　　どういう主人公がどのように行動するか 　・物語や小説以外の読み物の場合 　　何について書かれているか。
なか (展開部)	・面白かったところ 　・印象に残った場面の説明(主人公の行動や心情) 　・印象に残った言葉の紹介 　※物語や小説以外の読み物の場合、説明されている事実 　　で面白かったところ 〈さらに深める場合には〉 > ・疑問に思ったこと (問い) > 　・登場人物の行動や言葉に対する疑問 > 　・(ノンフィクションの場合、説明されている事実に対 > 　　する疑問) > ・疑問に対する自分なりの答え ・本を読んで気づいたことや考えたこと(本を読んで学んだ 　こと)
終わり (結論部)	・まだこの本を読んでいない人に最も伝えたいこと

き方です。子どもによっては、やや難しく感じることなのですが、読書感想文を書くにあたっても、探究的な読書を取り入れることでもあります。そして、子どもに批判的な思考を促すものです。

　読書感想文であっても、どのように書き終えるかが大切です。文章の最後に、「まだ読んでいない人に最も伝えたいこと」を書くようにします。このように読書感想文の読み手を意識して書くようにします。しか

し、架空の相手を想定するというよりも、例えば、まだこの本を読んだことのない友だちや先生、保護者を想定して考えさせるようにしましょう。

（2）プランニング・シートをもとに文章化する

　プランニング・シートができあがったら、次に、原稿用紙に書いていきます。ここでも、架空の読者として、身近な友だちや先生、保護者を想定して書くように促します。

　プランを練っても、プランと書くこととの間には相応の距離があります。教室で一斉に書く時間を設ける場合には、個人差がありますので、子どもが個人差を乗り越えて書き進めていくためには、例えば、「はじめ」（導入部）を書き終えた段階で、まずお互いにペアで読み合うという対話的な交流活動を入れるのもよいでしょう。

　その際、次のような観点で、「はじめ」（導入部）について、お互いに読み合いながら確認する対話的な交流活動を入れます。

・「はじめ」を読んで、本を選んだ理由がわかりましたか？

・「はじめ」を読んで、本の中身がわかりましたか？

　「はじめ」という書きはじめでは、子どもがけっしてつまずかないように、このような対話的な交流活動を入れて、読書感想文を書く際に子どもが孤立感を持たず、自己の読書体験に対して自信を持って言語化していく指導に努めましょう。

　読書感想文には苦手意識を持つ子どもが少なくはありません。読書感想文は、読書体験をクラス以外の人にも伝えていくことができるものです。このことへの気づきを促しながら、子どもが主体的に書いていくように取り組みたいものです。

第**13**章　**読書活動の学習成果物を生かす**

この章のポイント

・読書活動の学習成果物は教員が評価した後にそのまま子どもに返却するのではなく、学校図書館に掲示することにより、学年やクラスを超えて子どもや教員が情報を共有できます。また、学習の手本にもなります。

・学習成果物は、ほかの子どもの学習材として活用することができます。例えば、新聞の切り抜きによる「情報シート」は、学習後に学校図書館に保管してもらい、他学年や学級の学習材として生かし、学校図書館を、学校の学習センター、情報センターとして機能させるように努めることが大切です。

1　学習成果物を生かす掲示

　本書では、情報活用能力を養う読書活動の一つとして、本から得られた情報を1枚のシートにまとめる学習を提案しています（第7章　情報活用能力を養う読書の学び）。

　情報活用能力を育成する読書では、情報の評価→情報の取捨選択→情報の加工・表現→情報の発信という一連の学習プロセスを導入する学習が大切です。

　読書活動の学習成果物は、「完成させるとそれで終わり」というものではなく、次の学習に生かしていくという発想が大切です。子どもの学習

成果物は、子ども自身の学習材になるからです。

> 教室内の掲示板に一定期間掲示する
> 　・クラスの子ども同士で学習成果を共有する
> 　　　　　　　⇩
> 学校図書館に掲示する
> 　・学年やクラスを超えて、多くの子どもや教員が学習成果を共有
> 　　できる
> 　・併せて、学習成果物に関連する図書を展示する

学校図書館に掲示するという発想はあまりないと思います。

日頃の読書活動から司書教諭や学校司書などの学校図書館担当者と連携していると、このような掲示は導入しやすくなります。

学習成果物だけを掲示するのではなく、併せて学習を進めていく上で使用した図書や関連する図書を展示しておくことで、子どもにも教員にも学習の全体像が見えてきます。

他の学年の子どもは「自分もこんな学習に取り組んでみたいな」と思ったり、教員にしても「この学年では、こういう実践をしているのか」という新たな発見があります。

宮沢賢治の作品を読み、紹介文にまとめた
（長崎県島原市立第五小学校の図書館、2016年撮影）

2 学習成果物をほかの子どもの学習材として生かす

学習の成果物が他の子どもの学習材になるとは、具体的にどういうことでしょうか。

例えば、新聞記事を切り抜く学習でみてみましょう。

　右のような「情報シート」は、ほとんどの場合、単元が終わると、あるいは、学期の終わりに、評価をつけたうえで、子どもに返却することになります。

　しかし、一定期間掲示した後は、子どもに返却する前にコピーをとっておくようにします。そして、ほかの子どもの学習材として活用するために、司書教諭や学校司書などの学校図書館担当者と相談し、学校図書館に保管してもらうようにします。

　保管とはいっても、ロッカーにしまい込んでしまうのではなく、そのまま学習材として生かす準備をします。

　ほかの子どもの学習材として生かすためのポイントがあります。情報シートの上にある「キー・ワード」の記入です。記事の内容を表す最も重要な「キー・ワード」を書き込むようにします。例えば、「東京オリンピック・パラリンピック」、「消費税」、「人工知能（AI）」などです。子どもに記入してもらうことにより、子どもは記事の中で最も重要な用語、つまり「キー・ワード」を意識して記事を読み込み、情報シートの作成を行うようになります。情報シートを作る前に、「キー・ワード」を考えながら記事を読むことを意識させるようにしましょう。

　新聞記事の切り抜きの場合、時事的な内容はすぐに古びてしまいますが、内容によっては、次年度であっても学習材として使用できます。

　「わたしが気になったニュース」の場合、子どもは新聞のページをめくりながら、それぞれ気になったニュースを選び、記事を切り抜きます。１枚のシートに貼る記事は１つとします。さまざまなトピックの記事が集まると考えられますので、子どもが作成した情報シートは次年度を待つまでもなく、他学年・他のクラスの子どもにとっても、そのまますぐに手作りの学習材であり、お手本にもなるのです。実践した教科以外の教科で活用ができる場合もあります。そして、子どもによる手作りの資料として、学校図書館の資料の一つにもなるのです。

【「わたしが気になったニュース」情報シートづくり】

〈 テーマ 〉「わたしが気になったニュース」

〈学習目標〉　新聞を通して、社会を知ろう

【新聞を活用した情報シートの作成例】

〈記事のキー・ワード〉

　※記事を読んで、キー・ワードを考えて、1語だけ記入します

わたしが気になったニュース

年　組　番　氏名

年　月　日（　　　　）新聞　朝刊・夕刊　第（　　　）面

切り抜き記事

※のりで貼り付けます

1. 気になった理由

　記事に関心を持った理由について簡潔に書きます。

2. 記事に出ている言葉

ことば ＿＿＿＿＿＿＿＿

説　明 ＿＿＿＿＿＿＿＿＿＿＿＿＿＿＿＿＿＿＿＿＿＿＿＿＿

※記事を理解する上で知っておきたい言葉を選び、国語辞典やインターネット
　などで調べ、簡潔に書きます。

第14章 学校図書館担当者とチームを組む

この章のポイント

・「主体的・対話的で深い学び」の実現を図るために、学校図書館を活用した読書活動や学習活動を進めるにあたっては、司書教諭、学校司書、学校図書館係といった学校図書館担当者と連携することが大切です。

・第13章では、子どもの学習成果物が他の子どもの学習材になるということについて述べました。第13章で紹介した授業実践例は、学校図書館を媒介にして、学年と学年、教科と教科、教員と教員が相互につながる仕組みづくりでもあります。

・授業に必要な資料が学校図書館にない場合、司書教諭、学校司書、学校図書館係などの学校図書館担当者と協議し、公共図書館と連携したり、あるいは必要な資料を収集してもらったりするなどの方法があります。少しばかりの工夫をすることで、学校図書館の資料不足を補うことができます。

1 学校図書館担当者と連携する

（1）司書教諭と学校司書の位置づけ

　司書教諭は12学級規模以上の学校に配置することが義務とされています。実態として、専任の司書教諭を配置している自治体は稀です。多くの小・中学校では、クラス担任の業務などと兼務しています。多忙化している学校の環境下では、クラス担任を持たない教務主任などの主任が

司書教諭の業務を兼務している学校もあります。また、小規模校では、司書教諭を置かず、図書館係という校務分掌の一つとして係業務に位置づけている学校もあります。いずれにしても、養護教諭のような独立した専門職として認知されている状況にはなりにくい面があります。

　しかし、司書教諭は学校図書館の管理係ではありません。学校図書館に関する専門家です。ある意味で、学年や教科を超えて、学校全体を見渡せる立場にあります。司書教諭の力量形成の一つとして、学校の教育課程をよく知ることがまずは大切です。

　しかし、公立学校の場合、教育委員会の専門的な研修は少なく、勉強する場が限られています。司書教諭に任命された教員は、学年や教科の先生たちと読書指導や学習指導について、一緒に走りながら考えるというのが実態です。

　読書指導や授業を準備する過程で、ぜひ司書教諭の先生に相談しながら、チームを組んで進めるようにしましょう。そして、司書教諭には、学年や教科の取り組みについて職員会議の場を活用して、積極的に情報を発信し、全教員で実践を共有してもらいたいのです。職員会議を研修の場として活用することが必要です。

　一方、学校司書の配置状況は自治体によって大きな差があります。都道府県が設置する高校は、司書資格を持っている職員が配置されることが多いようです。小・中学校の場合、配置されたとしても、複数の学校を担当しているため、学校司書がいるのは週に1日という学校もあります。

　これまで位置づけが曖昧だった学校司書は、文部科学省の検討委員会で正式に学校図書館担当職員として位置づけられ、業務内容も整理されました。

　司書教諭のほか、学校司書が配置されている学校も少なくありません。司書教諭はクラス担任などと併任のため、学校図書館の運営は学校司書に任せられることが多いのです。学校によって業務の状況は異なりますので、司書教諭と学校司書のどちらに相談・協議すればよいかとい

うことは一概にはいえません。

（2）司書教諭と学校司書の役割

　文部科学省が2014年（平成26）年に発表した「これからの学校図書館担当職員に求められる役割・職務及びその資質能力の向上方策等について（報告）」によると、司書教諭と学校司書の役割は次のように示されています。

〈司書教諭〉
○司書教諭は、学校図書館の専門的職務をつかさどるための所定の講習を受講し、単位を取得した有資格者として、学校図書館の経営に関する総括、学校経営方針・計画等に基づいた学校図書館を活用した教育活動の企画・実施、年間読書指導計画・年間情報活用指導計画の立案等に従事する。
○また、司書教諭は、学校図書館を活用した授業を実践するとともに、学校図書館を活用した授業における教育指導法や情報活用能力の育成等について積極的に他の教員に助言することが期待されている。
〈学校図書館担当職員（学校司書）〉
○学校図書担当職員は学校図書館を運営していくために必要な専門的・技術的職務に従事するとともに、学校図書館を活用した授業やその他の教育活動を司書教諭や教員と共に進める。

---

①司書教諭と学校司書の強みに頼る・任せる

　授業をどのように設計していくかという学習指導にかかわる専門的なことについては司書教諭に相談するのが一般的です。特に、他学年や他教科とのつながりなど、教育内容に関することについては、司書教諭と一緒に考えることが望ましいでしょう。

　学年や教科の担当者として自ら実践しようとする内容については、司書教諭から情報をもらい、自身の授業を準備するうえで参考にしたいも

のです。しかし、学校司書がこういったことに通じていないというわけ
ではありません。他学年や教科の指導内容に熟知している学校司書もい
ます。

　つまり、学校図書館の資料を活用した授業では、教育内容と活用する資
料は不可分の関係にありますので、司書教諭と学校司書の業務を明確に
分けることには難しい面がありますし、また、あまり意味がありません。

　例えば、図書などの情報資源に関することについては、経験にもより
ますが、学校司書が専門的な知識を有しており、詳しい場合が多いので
す。しかし、情報資源に熟知している司書教諭も少なくありません。

　つまり、司書教諭と学校司書の業務は明確に線引きできるものではな
いということです。司書教諭、学校司書のそれぞれの強みや専門性を味
方にして、授業づくりに生かすようにします。

　このような面もありますので、司書教諭と学校司書について、前述の
報告には、次のように示されています。

> 　学校図書館の経営・運営に関する方針や、利用指導・読書指導・
> 情報活用に関する各種指導計画等は、教育課程とどのように結びつ
> けるのかということが重要である。したがって、一般的には、教育
> 指導に関する専門的知識等を有する司書教諭がその立案・取りまと
> めに従事し、学校図書館担当職員は、図書館資料とその利活用に関
> する専門的知識等に基づき、必要な支援を行うという形態が想定さ
> れるが、実際には両者は協働して当たることが求められる。

　学校図書館は子どもの居場所の一つです。常に先生の評価にさらされ
る学校という環境の中では、学校図書館は自由な空間です。

　子どもにとっては、司書教諭と学校司書の違いはありません。どちら
も図書館の先生なのです。線引きをしてしまうのは、教員の側かもしれ
ません。司書教諭と学校司書と協働的に読書活動や授業づくりに取り組
んでいくことが大切なのです。

【学校図書館担当職員の職務（イメージ図）】

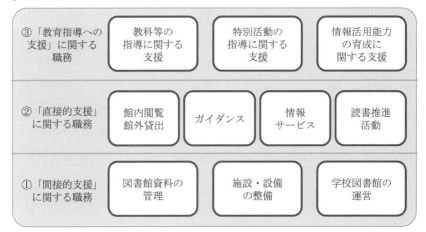

③「教育指導への支援」に関する職務	教科等の指導に関する支援	特別活動の指導に関する支援	情報活用能力の育成に関する支援
②「直接的支援」に関する職務	館内閲覧館外貸出	ガイダンス	情報サービス	読書推進活動
①「間接的支援」に関する職務	図書館資料の管理	施設・設備の整備	学校図書館の運営

※ここでは学校図書館に係る業務のうち学校図書館担当職員の職務に絞って図示したが、学校図書館担当職員が実際に業務を行うに当たっては、司書教諭等の学校図書館に関係する教職員と協働・分担することが求められる。

「これからの学校図書館担当職員に求められる役割・職務及びその資質能力の向上方策等について（報告）」（文部科学省、2014年）

2 学校図書館とカリキュラム・マネジメント

　小学校の学級担任の場合、自分が所属する学年のことはよくわかりますが、学校全体を見渡すことはできません。そういう視野を持てるのは、司書教諭や学校司書といった学校図書館担当職員です。そのような役割がいない場合は、教務主任と連携します。

　教科等の学習の情報だけではなく、学年の活動や学校行事などの情報も学校図書館に集約させることにより、教員も子どもも学校図書館に来る機会がつくられます。そういう意味で、例えば、学習成果物を展示する場にしてもらうのもよいでしょう（☞第13章参照）。

　中学校や高校の場合は教科担任制のため複数の学年を担当する場合もありますので、自分の教科であれば他の学年も見渡すことができます。それでも、他の教科のことはわかりません。他教科の教員に聞いてみたり、あるいは学校図書館担当者に依頼してみたりするなどして、例えば、

山形県鶴岡市立朝暘第三小学校の図書館の廊下掲示板に張り出された同校伝統の学校新聞（2018年撮影）

生徒の学習成果物がどのように使えるか、無駄になってしまわないように、前向きに検討してもらいましょう。

　子どもの学習成果物を掲示したり、資料として活用したりするということは、学校図書館を学習センター、情報センターとして機能させる考え方に立つということに他なりません。

　このような取り組みは、学年や教科の壁を超えることが大切です。

　職員会議、学年会、教科会といった場を活用して、全ての先生で情報を共有し、他学年の実践へとつなげていく必要があります。また、教頭・副校長、教務主任、学年主任との連携も必要になってきますので、少しずつ相談しながら進めましょう。

　このような取り組みは、教育課程の共有がとても大切です。カリキュラム・マネジメントの一つといえるものです。学校図書館を活用した授業を行うにあたっては、まずは、小学校であれば、自分が担当する学年

の子どもの前年度の学年での取り組みの内容、中学校であれば、他教科の取り組みの内容について情報を集め、横断的なつながりを意識した実践を行うことから始めてはどうでしょうか。無駄を省き、より効果的な学習を実現することが期待できます。

3 学校図書館にない資料を補う方法

（1）公共図書館や地域の学校に協力を依頼する

　学校図書館の所蔵資料は限られています。例えば、教科書教材に関連した本をクラスの人数分用意し、いわゆる並行読書を計画しても、単元の内容に合致した本が揃わない場合があります。

　選書の段階から司書教諭や学校司書に依頼したり相談したりすることが大切なのはいうまでもありません。本を揃えるために、いろいろなアイデアを持っていると思います。

　地域の公共図書館から団体貸し出しの制度を利用して借りる、近隣の学校から借りるといった方法があります。授業まで時間があれば、購入してもらえる場合もあります。

（2）地域の情報を収集してもらい、学習に活用する

　社会科、理科、総合的（高校の場合「探究的」）な学習の時間などで、地域について学習する場合、図書を資料とするだけでは不十分です。図書だけが資料ではありません。

　例えば、地域の観光協会や役所の地域振興課などは、自前で地図やリーフレットを作っています。役所、公民館、駅の観光案内所などに置いてあることが多いのですが、多くが無料のものです。また、カラー印刷で、見栄えの良い写真を載せ、情報をコンパクトにわかりやすくまとめています。

　ただし、一般向けのものが多いので、学年によっては難しかったり、使えなかったりするものもあります。子ども向けの資料がある場合もあ

地域のパンフレットやリーフレットを集め、情報ファイルに分類し、学習に活用
（長崎県島原市立第五小学校、2016年撮影）

ります。博物館、歴史資料館、文学館、美術館といった施設では、子ど
も向けの資料を出している場合もあります。

　このようなものを教材・学習材として活用しないのはもったいないの
です。司書教諭や学校司書に依頼して積極的に集めてもらいましょう。

　さらに、内容に応じて分類し、ファイルに整理してもらうようにしま
しょう。これは「情報ファイル」と呼ばれるものです。ファイルには資
料の件名や収集した日付、発行機関などを付けます。整理は学校図書館
担当者に任せるようにします。

　このような準備をすることにより、地域の情報を学習に活用する環境
が整うことになります。もちろん地域の情報はウェブサイトにも載って
いることが多いのですが、必ずしも学習に適した情報が載っているとは
限りません。

　また、紙の資料の良さもあります。紙の資料は、みんなで机の上に広
げて読めるので、グループ学習にも活用できます。インターネットの場
合は、印刷でもしない限り、このようにはできません。紙の利便性は、
このように複数で全体を俯瞰できる点にあります。

第**15**章 子どもを公共図書館に導く
~子どもたちが本の豊かな世界に出会うために~

この章のポイント

・子どもが公共図書館に出かけることは、読書生活を広げ、地域に生きるひとびとの存在を知るという意義があります。
・ひとびとの交流拠点として機能するように、書店、展示ギャラリー、ホールなどの複合施設の中に設置している公共図書館もあります。

1 地域の公共図書館に誘（いざな）う

　学校で行う読書指導は限定的なものでもあります。子どもたち一人ひとりの読書の習慣化へとつなげていくためには、学校だけでは十分とはいえません。学校での読書指導の取り組みが、子どもたちの学校外の生活につながっていくようにつなげていく工夫を取り入れることが必要です。そのためには、保護者の協力が必要なのはいうまでもありません。しかし、はじめの段階では先生の指導や保護者の支援があったとしても、徐々に子どもたちが自ら主体的に読書に取り組む姿勢をもてるよう、自律的な読書人に育てていくことを目標にしてはどうでしょうか。広い視野で読書指導を捉えるのです。

　子どもたちの自律的な読書生活を進めていくために必要な施設が公共図書館です。地域によっては、自治体の中に公共図書館がなかったり、あるいはとても遠かったりするなど、不便な環境もあります。保護者会、授業参観や学年通信などを活用して、保護者の協力を促し、子ども

たちを公共図書館にアクセスしやすくするような働きかけをしていきましょう。もちろん、学校の教育活動の一環として、公共図書館を見学してみるのも、子どもたちを自律的な読書生活に導くための一つのきっかけになります。

2　公共図書館の民間導入への賛否

　近年の公共図書館は、指定管理者制度を利用して、業務を民間企業に委託する自治体が増えています。これには経費削減、図書館サービスの向上といったメリットがあります。

　しかし、その一方で、専門職である司書の仕事が別の場所に追いやられているという人員削減のシビアな現実もあります。例えば、司書資格を有しながら、図書館業務に従事できず、他の業務に回されるというケースも見られます。ゼネラル・マネジメントの能力を高めるという表向きの理由とは別に、業務委託により、人件費を抑えようとする面は否定できません。

　愛知県小牧市は、図書館の質が低くなるなどの理由により、住民投票の結果、民間委託への反対が多く、計画中止に追い込まれました。小牧市の結果は、単に図書館の質だけではなく、新たな公共性の在り方について、議論を呼び起こすことにもなりました。

3　人口減少社会と過疎化に立ち向かう首長

　街の公共図書館が賑わっていても、図書館の周辺にシャッター商店街が広がっている街を、私はこれまでにもいくつか見てきました。首都圏を除き、多くの自治体は若者の流出に頭を痛めています。人口減少社会は根深く、お洒落な公共図書館だけで解決できるほど簡単な問題ではないのです。

　「首都圏を除き」とはいいましたが、東京でさえ例外ではありません。東京都豊島区は23区唯一の消滅の可能性がある都市として話題になった

ことがあります。

　高野之夫区長は、豊島区が消滅都市にならないように魅力ある街づくりを進め、新たな人口流入を図ろうとしています。例えば、ターミナル駅である池袋駅周辺を芸術都市として機能させるように再構築しました。鉄道下の古びた東西連絡通路では、気鋭の芸術家に依頼し、壁に斬新なデザインの絵を描いてもらいました。駅近くに点在する古びた公園をリニューアルしたり、民間と協力し、複数の劇場や映画館を開館させたりするなどして、さまざまなひとびとが内外から集う芸術都市、若者が住みたくなる街づくりを目指しています。東京芸術劇場のある西口公園は「グローバル・リング」という名称になり、ステージが設置され、劇場と一体化した空間にリニューアルされました。東口には複数のホールが新設され、新たな広場もできました。

　豊島区はその一方で高齢者も多く住んでいますので、高齢者福祉を充実させています。豊島区にも魅力ある中央図書館があり、連日賑わっています。

　私たちの社会を真の意味で豊かな、そして生きがいのある場所にするためには、さまざまな公共政策の手法があります。公共図書館のリニュ

東京都豊島区池袋にあるグローバル・リング

ーアルもその一つです。

4 図書館は人の交流拠点

　全国で核家族化が進行し、世代を超えて交流する場が少なくなっています。市民一人ひとりが３番目の「サード・プレイス」となる居場所を持つことによって、多様な交流が生まれ、新たなひとびとの「つながり」がつくられます。

　そういう意味でも、お洒落な図書館に多くのひとびとが集うのは社会的に大きな意義があります。

　東日本大震災の後、「絆」の大切さが再認識されました。職場でも家庭でもない、図書館という「サード・プレイス」は、ひとびとの新たな交流をもたらす場所になります

5 公共図書館を訪ね歩く

（１）佐賀県武雄市図書館・こども図書館―家族連れで賑わう図書館―

　佐賀県武雄市図書館は、2013（平成25）年４月にリニューアルされ、開館しました。全国で初めて民間企業であるCCC（カルチュア・コンビ

佐賀県武雄市図書館の館内

ニエンス・クラブ株式会社）に委託された図書館であり、全国ニュースでも大きく取り上げられ、話題になりました。

　武雄市図書館はJR佐世保線武雄温泉駅から徒歩約15分の地にあります。JR武雄温泉駅には、建設中の長崎新幹線の駅も設置される計画です。

　日曜日に訪問した時、図書館はとても賑わっていました。芝生の綺麗な敷地内には、子ども図書館の建物も隣接しており、館内は家族連れで賑わっていました。併設されたスターバックス・カフェでは、アイスクリームやパンケーキなどが提供されています。図書館では、英語教室やヨガなど、さまざまな市民講座が行われています。

　図書館界は、以前から学校図書館の学校司書も含め、非正規雇用職員で運営するという面が問題となっています。不安定な労働問題を抱えており、民間委託は手放しで喜べない面が確かにあります。このような図書館運営の在り方には反対の立場をとる人が少なくありません。今後も議論を深める必要があるでしょう。

　武雄市図書館では、市内外から約100万人の利用があった年があり、約20億円の経済効果があったといいます。特に人口減少が大きな課題となる地方都市にとって、図書館を魅力ある場所にすることは、経済的にも有益な成果が生まれるということも、また事実としてあるのです。

（2）岐阜市立みんなの森 ぎふメディアコスモス
―子どもと大人が集う魅力ある図書館―

　公共図書館はさまざまな世代のひとびとが訪れる場所です。近年では、他の施設を併せ持つ複合施設として図書館を設置している地域も少なくありません。自治体は、あえて複合施設にすることにより、ひとびとの交流の場を集約し、交流の機会を増やしているともいえるでしょう。

　みんなの森 ぎふメディアコスモスは、2016（平成28）年7月、岐阜大学医学部の跡地に開館しました。「知の拠点」の役割を担う市立中央図書館、「絆の拠点」となる市民活動交流センター、多文化交流プラザ及び「文化の拠点」となる展示ギャラリー等からなる複合施設です。

　2019（平成31）年、桜が満開の季節に、岐阜市にある「みんなの森　ぎ
ふメディアコスモス」を訪ねました。1階の部屋では講演会が開催され
ていましたが、出入り自由でした。畳敷きでは子どもたちが寝転んでい
ました。ひとびとに広く開かれたスペースとなっています。
　岐阜市立中央図書館にはグローブと呼ばれる電灯を灯した大きな傘が
複数設置されており、その下にはヤング・アダルト・スペースやビジネ
ス・スペースなどの場所を構成しています。
　図書館の理念は次のようなものです。

根から知を　枝葉でふれあい花さかせ　明日への種を創り育む
多くの人に役立つ知識にあふれ
様々な活動を通じた人と人との交流を生み出し
地域の文化とより良い地域社会の創造につながる
都市の未来を築く礎となることを目指します。
　　　　　　　　（「みんなの森　ぎふメディアコスモス」ウェブサイトより）

　開館にあたり、館長は広く公募されました。館長の吉成信夫氏は図書
館の理念を次のように述べています。

みなさんにとって身近な「滞在型図書館」として
　「ここにいることが気持ちいい」「ずっとここにいたくなる」「何度
でも来てみたくなる」
　この3つを合言葉として、あらゆる世代が集い、本を通して「人」
と「人」、「人」と「まち」がつながっていく、そんな居心地のいい
「滞在型図書館」を目指しています。

私たちが大切にしたいこと
　図書館として、私たちが大切にしたいと考えている言葉を紹介し

ます。

「子どもの声は未来の声」

　私たちの図書館では、本を通じて子どもたちの豊かな未来へとつながる道を応援したいと考えています。

　就学前のお子さまから、小中学、高校に至るまで、子どもたちの育ちを末永く見守る場所でありたいと思うのです。

　だから、私たちは館内で小さなお子さまが少しざわざわしていたとしても、微笑ましく親御さんたちといっしょに見守ります。

　来館されたみなさまも、どうぞそのような考え方をもった図書館だとご理解いただければありがたいです。

　そして、小さなお子さまのお父さま、お母さまにもお願いです。ここは公共の場所です。遊び場、運動場ではありませんので、公共の場所でのマナーをお子さまに教えていただく場としてもご活用いただければ幸いです。

　みんなでお互い様の気持ちを持ち寄る場所にしていきましょう。

館長からみなさんへ

　みんなの森　ぎふメディアコスモスという名称にあるように、市民のみなさまといっしょに創っていく図書館にしたいと考えています。ただ本の貸し借りだけではなく、本を通じてひとと出会ったり、楽しい思いを共有できたり、そんなことが起きるわくわくした場所になれたらと思っております。どうぞ気軽にぶらっとお立ち寄りください。

（「みんなの森　ぎふメディアコスモス」ウェブサイトより）

　「みんなの森　ぎふメディアコスモス」がどのような施設であるのか、この吉成氏の言葉に説明され尽くしているといえます。

みんなの森　ぎふメディアコスモスにある図書館

（3）宮城県多賀城市立図書館

　宮城県多賀城市立図書館は、書店と公共図書館が融合した複合施設です。東日本大震災後にJR仙石線多賀城駅前に移転したものです。仙台と石巻をつなぐ仙石線の多賀城駅前にあり、とても便利なアクセスです。仕事の帰りにふと立ち寄れます。

　震災後、駅の移転を契機に市が図書館を新築することになり、CCC（カルチュア・コンビニエンス・クラブ株式会社）に運営を委託しました。日曜日の夕方にもかかわらず、館内は利用者でとても賑わっていました。CCCによる図書館は、佐賀県武雄市、神奈川県海老名市に次いで、多賀城市が３館目となります。

　エントランスを入ると、まず目につくのは、吹き抜けのフロアーの館内で、壁一面を占めるブック・ウォールです。スターバックス・カフェが併設されています。文房具や雑誌、書籍を販売する書店とカフェとは一体となっています。奥には文庫や単行本の書棚、DVDの棚が広がっており、改めてここが書店であるということを実感させられます。

　カウンターで図書館のことを質問したところ、「（ここは売り場、レン

タルスペースなので）私たちは図書館については、質問には答えてはいけないことになっています」と言われてしまいました。よく見ると、建物の中央から半分は図書館スペースになっていました。一見すると、全てが書店にも見えますし、図書館にも見えます。書店員と図書館員は同じ制服を着ているので、その違いはわかりません。

　館内を歩いてみました。いわゆる日本十進分類法という日本の図書館の標準的な分類ではなく、独自の分類によって本が並べられています。この点については、図書館関係者は批判しています。ここでは本の並べ方も利用者ファーストになっているため、分類を先に考えるという図書館情報学的な考え方は採らないのだと考えられます。

　館内の空間は細かく仕切られており、ゆったりしたソファ、本を広げやすい大きなテーブル、座り心地の良い椅子など、豪邸の調度類のようなゴージャスな趣になっています。図書館によく見られる無味乾燥なスチール製の書架ではなく、シックな木製の書架で構成されています。書架というよりも温かみのある本棚といった方がよいでしょう。照明は蛍光色ではなく、電灯色で照らされ、見事なまでに全体の調和がとれていました。

宮城県多賀城市立図書館

　防火扉、床面にはトイレなどの施設を示すサイン、1964（昭和39）年開催の東京オリンビックでも話題になったピクトグラムというサインが描かれています。

　一番上の階にはレストランが併設されており、図書館スペースからは直接行けないようになっていました。食事もできますし、お酒も呑めます。日曜日の団欒に訪れた家族連れで賑わっていました。食事のために訪れる人も少なくないでしょう。

　この図書館には、ひとびとが求めていた何かがあったのです。それは、「つながり」とか「賑わい」ではないでしょうか。復興の証となる新図書館によって、ひとびとの間に「賑わい」が戻ったことになります。住民はそれを実感できる場所を、長く待ち望んでいたのかもしれません。

（４）長野県小布施町立図書館「まちとしょテラソ」
―小学校の校庭の横にあるコミュニティ・スペース―

　まちとしょテラソは、2009（平成21）年７月に開館しました。まちとしょテラソは、長野電鉄小布施駅徒歩２分というアクセス便利な地にあります。小布施町立栗ガ丘小学校の校庭と地続きにあります。

長野県小布施町立図書館「まちとしょテラソ」

小布施町立図書館は、1923（大正12）年開館と歴史は古く、リニューアルにあたっては、さまざまな工夫を取り入れました。

　町は基本構想案をもとにして町民とともに意見交換を重ねて基本構想を決定しました。図書館運営委員会は、つい縦割りになりがちな行政組織を横断的に組織したものでした。全体会は16回に及びました。まさに町をあげて、町民の意向を取り入れながらつくりあげた公共図書館です。基本構想案を決定するプロセスが公開されるという手法は、公共施設を建設する際の、あるいは公共政策のモデルにもなる方法といえるでしょう。

　　まちとしょテラソは、「学びの場」「子育ての場」「交流の場」「情報発信の場」という４つの柱による「交流と創造を楽しむ、文化の拠点」という理念のもとで建築されました。

　　皆さまに親しまれる集いの場になるように、これまで親しまれた町の図書館であることと、待ち合わせの場という意味を込めた「まちとしょ」そして、「世の中を照らしだす場」「小布施から世界を照らそう」などの考えを加えて「まちとしょテラソ」という愛称がつきました。

　　まちとしょテラソは、夜になると行灯のようにあたたかく周囲を照らします。この場で未来を担う子どもたちが世界を感じ、飛び立っていく支援や何かを創り出す人の支援、ここへくると何か新しいものを学べるといった生涯学習の拠点として使用していただくことを目指します。

　　ここは、「未知の知」と出会いの場、町内外の方々との交流の拠点としてみなさまのお役にたつように努めて参ります。

　　　　　　　　　　　　　（「まちとしょテラソ」ウェブサイトより）

　図書館内はオープンなつくりになっています。大きな窓からは柔らか
な光が入ります。

　複合施設ではありませんが、町民が会議やサークル活動などに使える
部屋を備えています。町民の交流拠点としての理念を実現しています。

　けっして大きな図書館ではありません。小布施町は観光地でもありま
す。人口減少社会の中で高齢化が進むと外出機会も減り、ひとびとの交
流の機会は減っていきます。だからこそ、だれもが行きたくなるような
場所が必要なのです。

　まちとしょテラソは、大仰な施設ではありません。気兼ねなく立ち寄
れる施設です。本と子ども、本と町のひとびとが出会えるように、配架
にもさまざまな工夫が試みられています。老若男女を問わず、日常生活
の中の欠かせない施設として溶け込んでいます。

　予算が限られた小さな地方自治体の公共図書館として、ひとつの未来
形を示しているといえるでしょう。

まちとしょテラソの館内

おわりに

2019年の夏、都内のある書店にカミュの『ペスト』（宮崎嶺雄・訳、新潮文庫）が表紙を見せて並んでいたので、気になって、すぐに購入しました。2020年、新型コロナウイルスが世界に蔓延するずっと前のことです。書店員はどういう思いでこの文庫本を並べたのでしょうか。

書店員には私たちの心の中に潜む'ペスト的なもの'に対する警鐘を鳴らしたいという思いがあったのではないでしょうか。

では'ペスト的なもの'とは何でしょうか。それは「刺激に慣れてしまうこと」だと考えます。差別や他者への攻撃、同調圧力はネット社会で顕在化しました。しかし、これはネットだけではありません。このようなことは、テレビのワイドショーも増長させてきました。

'ペスト的なもの'は、もともと私たちの中に潜んでいたものでもあるはずです。

『ペスト』では「絶望に慣れることは絶望そのものよりもさらに悪いのである」と語られています。「絶望」を差別、攻撃、同調圧力などの言葉に置き換えてみれば、この作品が私たちに伝えようとしている普遍的なメッセージを理解できるのです。

読書は時代を超えて、私たちが日々の慌ただしい生活の中で見失いがちなことに気づかせてくれます。読書を通して、情報との向き合い方も学べます。

読書という営みを介して、読者が子どもたちと豊かな時間を過ごしてくれたら、著者としてこのうえない喜びです。

2020年5月

稲井達也

【著者紹介】

稲井達也 （いない・たつや）

1962（昭和37）年、東京都生まれ。大正大学人間学部教授（教職支援センター兼務）・附属図書館長。公益社団法人全国学校図書館協議会参事。博士（学術）。専門は国語科教育学、学校図書館学。上智大学文学部国文学科卒。東洋大学大学院文学研究科博士前期課程・筑波大学大学院図書館情報メディア研究科博士後期課程修了。第41回学校図書館賞受賞（2011年）、第59回読売教育賞国語教育部門優秀賞受賞（2010年）。日本NIE学会常任理事。日本国語教育学会研究部会・高等学校部会運営委員。東洋大学、実践女子大学で教職課程の非常勤講師を務める。著書に『高校授業「学び」のつくり方―大学入学共通テストが求める「探究学力」の育成―』（東洋館出版社）、『資質・能力を育てる学校図書館活用デザイン―「主体的・対話的で深い学び」の実現―』（学事出版）、『「探究」の学びを推進する高校授業改革―学校図書館を活用して「深い学び」を実現する―』（共著、学事出版）、『主体的・対話的で深い学びを促す中学校・高校国語科の授業デザイン―アクティブラーニングの理論と実践―』（共編著、学文社）、『世界から読む漱石『こころ』（アジア遊学 194）』（長尾直茂・上智大学研究機構ほか編著、分担執筆、勉誠出版）、『授業で活用する学校図書館 中学校・探究的な学習を目ざす実践事例』（編著、公益社団法人全国学校図書館協議会）、『教科力シリーズ 小学校国語』（松本修編著、分担執筆、玉川大学出版部）、『高校生・大学生のための読書の教科書』（共編著、学事出版）、『これならできる！楽しい読書活動』（共編著、学事出版）、『図書を活用した楽しい学習活動〈小学校編〉』（共編著、学事出版）、『「社会に開かれた教育課程」を実現する学校づくり』（共編著、学事出版）、『高等学校「探究的な学習」実践カリキュラム・マネジメント～導入のための実践事例23～』（編著、学事出版）などがある。

子どもの学びが充実する読書活動15の指導法

2020年7月1日　初版第1刷発行

著　者── 稲井達也

発行者── 花岡萬之

発行所── 学事出版株式会社

〒101-0021　東京都千代田区外神田2-2-3
電話03-3255-5471
http://www.gakuji.co.jp

編集担当　丸山久夫
イラスト　海瀬祥子
装　　丁　精文堂印刷デザイン室　内炭篤詞
印刷製本　精文堂印刷株式会社